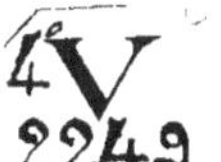

L'ART DU DESSIN

PREMIÈRE PARTIE

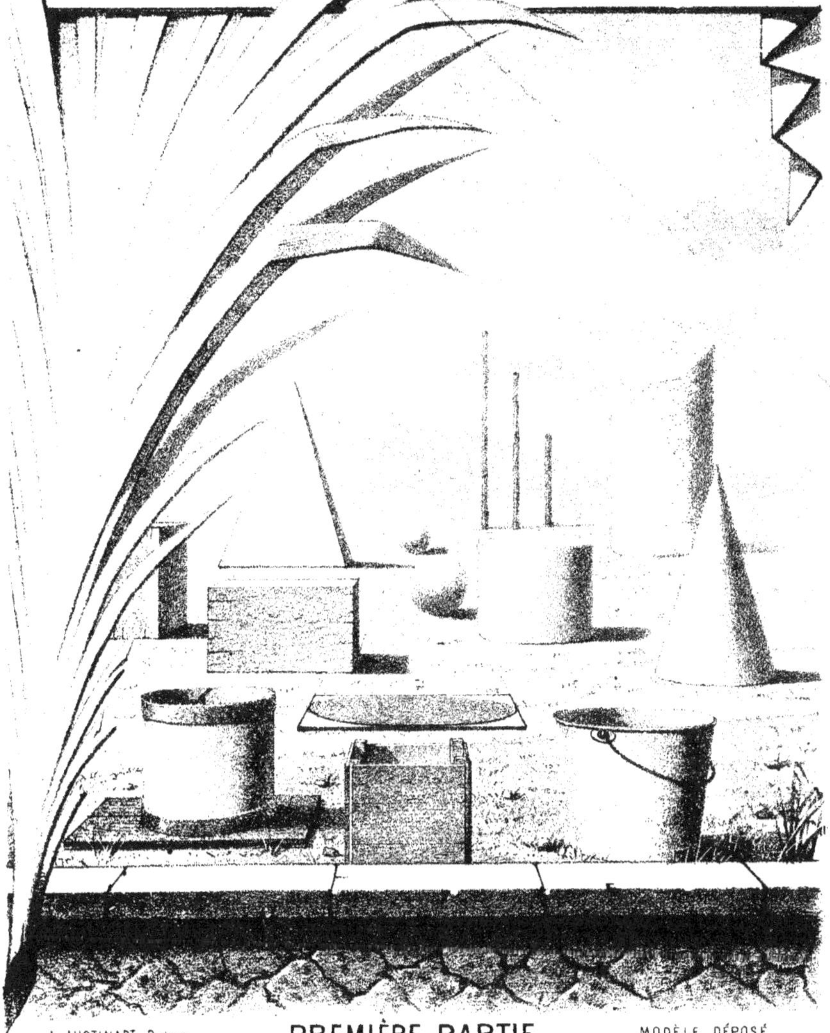

J. JUSTINART. Reims

MODÈLE DÉPOSÉ

Cette **PREMIÈRE PARTIE** doit être considérée comme l'introduction à l'ouvrage traitant des solides géométriques et objets usuels.

La deuxième partie paraîtra fin avril.

L'ART DU DESSIN

Interprétation des Programmes officiels de l'Enseignement spécial du Dessin
jusqu'au paragraphe 12 inclus

Ouvrage à l'usage des Etablissements d'Instruction primaire, Ecoles normales primaires, Lycées et Collèges

TRAVAIL DIVISÉ EN TROIS PARTIES

PREMIÈRE PARTIE. — **COURS ÉLÉMENTAIRE**, paragraphes 1 à 3 du Programme officiel.

DEUXIÈME PARTIE. — **COURS MOYEN**, paragraphes 4, 5, 6 du Programme officiel.

TROISIÈME PARTIE. — **COURS SUPÉRIEUR**, paragraphes 7, 8, 9 du Programme officiel.

PAR

A. MESSIEUX

PROFESSEUR

DIRECTEUR DU COURS SUPÉRIEUR DU DESSIN DES ÉCOLES MUNICIPALES DE LA VILLE DE REIMS

PREMIÈRE PARTIE

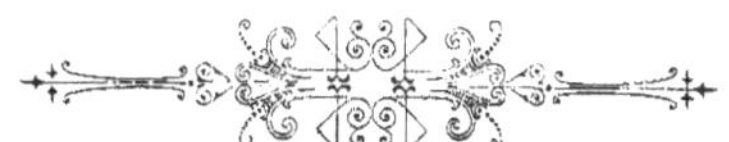

REIMS

IMPRIMERIE ET LITHOGRAPHIE DE L'INDÉPENDANT RÉMOIS

6 — RUE HINCMAR — 6

1887

DIPLOMES D'HONNEUR

AUX EXPOSITIONS SCOLAIRES D'ÉPERNAY 1884 & DE SEDAN 1886

OUVRAGES DU MÊME AUTEUR :

Petit Cours de Perspective, traitant des surfaces et solides géométriques, leurs applications, théorie des ombres portées, etc., à l'usage des Etablissements d'Instruction publique et des Amateurs.

Etudes graduées de Fruits, pommes, poires, prunes, etc., autographiées d'après nature, à l'usage des Etablissements d'Instruction publique et des Amateurs.

Etudes graduées de Fleurs, flore des champs et des jardins, autographiées d'après nature, à l'usage des Etablissements d'Instruction publique et des Amateurs.

Cours de dessin industriel et artistique, conforme aux programmes officiels, à l'usage des écoles primaires, accompagné du texte explicatif à l'usage du Maître (ouvrage adopté par la Ville de Reims pour les Ecoles élémentaires).

PROGRAMME GÉNÉRAL DE L'ENSEIGNEMENT DU DESSIN

(Arrêté ministériel du 18 juillet 1881)

§ 1. Tracé et division des lignes droites en parties égales. Évaluation de lignes droites entre elles.

§ 2. Reproduction et évaluation des angles.

§ 3. Principes élémentaires du dessin d'ornement. Circonférences, polygones réguliers, rosaces étoilées.

§ 4. Courbes régulières autres que la circonférence, spirales, volutes, courbes empruntées au règne végétal, tiges, feuilles, fleurs.

§ 5. Premières notions sur la représentation des objets dans leurs dimensions vraies (éléments du dessin géométral) et sur la représentation de ces objets dans leur apparence (éléments de la perspective).

§ 6. Représentation géométrale, au trait, et représentation perspective avec les ombres des solides géométriques et d'objets usuels simples.

§ 7. Dessin d'après des ornements en relief empruntant leurs éléments à des formes non vivantes telles que : moulures oves, rais de cœur, perles, denticules (copie de plâtres représentant des ornements, plan d'un faible relief).

§ 8. Dessin d'après des ornements en bas-relief empruntant leurs éléments à des formes vivantes telles que : feuilles et fleurs ornementales, palmettes, rinceaux.

§ 9. Dessin d'après des fragments d'architecture tels que : des piédestaux, bases et fûts de colonnes, antes, corniches, ornements d'architecture (notions sur les ordres d'architecture).

§ 10. Dessin de la tête humaine. Premières notions sur la structure générale et sur les proportions de ses différentes parties.

§ 11. Dessin d'après des fragments d'architecture tels que : chapiteaux, mascarons, griffes et griffons, masques de théâtres, vases, têtes décoratives d'animaux.

§ 12. Dessin de l'ensemble et proportions de la figure humaine, d'après des estampes et d'après des bas-reliefs.

§ 13. Étude et dessin des parties du corps humain. Notions élémentaires d'anatomie : copie d'extrémités et de détails de la figure humaine, d'après l'estampe et d'après la bosse.

§ 14. Dessin d'après des fragments d'architecture. Figures décoratives, cariatides, vases ornés de figures, frises ornées. Ensemble et détails de l'ordre dorique, de l'ordre ionique et de l'ordre corinthien.

§ 15. Dessin de la figure humaine et des animaux, d'après l'estampe et surtout la ronde bosse.

§ 16. Développement et application des études précédentes.

§ 17. Études de paysage d'après l'estampe.

NOTA. — Un cours de tête développant les paragraphes 12 et 13 est en préparation.

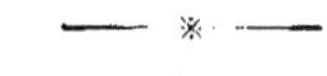

ATTRIBUTIONS DES PARAGRAPHES DU PROGRAMME GÉNÉRAL

AUX DIVERS ORDRES D'ENSEIGNEMENT

1. *Écoles primaires.* — Cours élémentaire, § 1, 2, 3 : Cours moyen, § 4, 5, 6 : Cours supérieur, § 7, 8, 9.

2. *Écoles normales primaires.* — Première année, § 3, 4, 5, 6, 7, 8, 9 et 10 : Deuxième année, § 11, 12, 13 : Troisième année, § 14 et 15.

3. *Lycées et Collèges* (Enseignement secondaire spécial). — Année préparatoire, § 3, 4 et 5 : Première année, § 6 et 7 : Deuxième année, § 8, 9 et 10 : Troisième année, § 11, 12 et 13 : Quatrième et Cinquième années, § 14, 15, 16 et 17.

4. *Lycées et Collèges* (Enseignement classique). — Cours préparatoire, Huitième et Septième, § 1, 2, 3, 4 et 5 : Sixième et Cinquième, § 6, 7, 8, 9 et 10 : Quatrième, § 11, 12 et 13 : Troisième et Deuxième, § 14 et 15 : Rhétorique et Philosophie, § 16 et 17.

L'ART DU DESSIN

PAR M. A. MESSIEUX

Professeur de Dessin dans les Ecoles publiques de la Ville de Reims

1re Partie — **Cours Préparatoire**

PROGRAMME OFFICIEL

§ 1. — Tracé et division de lignes droites en parties égales. Evaluation des rapports de lignes droites entre elles.

§ 2. — Reproduction et évaluation des angles.

§ 3. — Principes élémentaires du dessin d'ornement, circonférences, polygones réguliers, rosaces étoilées.

§ 4. — Cours moyen 1re année, Courbes régulières autres que la circonférence, Spirales, Volutes, Courbes empruntées au règne végétal, Feuilles, Fleurs.

(Ces quatre paragraphes s'adressent aux enfants de six à neuf ans.)

JANVIER

PREMIÈRE SEMAINE

PREMIÈRE LEÇON — Notions préliminaires.

Les élèves, les bras croisés, écoutent les observations faites par le Maître. (Diction lente et bien accentuée.)

DU DESSIN

1° *Qu'est-ce que dessiner?* — Dessiner, c'est représenter sur une surface plane les objets que nous voyons, tels que : oiseaux, animaux, paysages, portraits, fleurs, fruits, etc.

2° Pour dessiner ces objets, on se sert de lignes, c'est-à-dire de traits qui leur donnent une forme.

FORMATION DE LA LIGNE

3° Toute ligne est formée par une suite de points qui se touchent.

4° Le point est un signe fait visiblement sur une surface plane, tels que : un point blanc sur une surface noire (tableau), un point noir sur une surface blanche (papier).

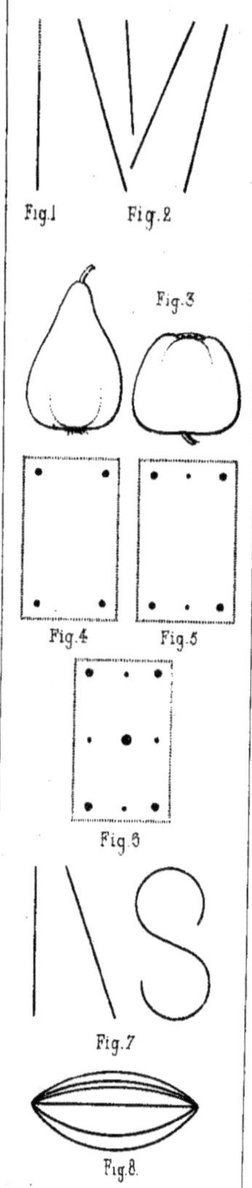

Fig.1   Fig.2

Fig.3

Fig.4   Fig.5

Fig.6

Fig.7

Fig.8.

QUESTIONNAIRE

Le Maître, s'adressant aux élèves individuellement (le reste de la classe écoute), les interroge en leur posant des questions semblables :

Qu'est-ce que dessiner? — C'est représenter sur une surface plane les objets que nous voyons.

Comment représente-t-on ces objets? — On représente ces objets par le moyen de lignes.

De quoi est formée la ligne? — La ligne est formée par une suite de points qui se touchent (fig. 1).

Qu'est-ce que le point? — Le point est un signe fait visiblement sur une surface plane.

Le Maître, faisant quelques traits sur le tableau (fig. 2), questionne :

Que viens-je de faire? — Une ligne.

Rappelant une forme de poire, pomme (fig. 3) :

Que viens-je de faire? — Une pomme, une poire, etc.

PREMIÈRE SEMAINE

DEUXIÈME LEÇON. — **Exercice sur le Point.**

Le Maître rappelant ce qui a été dit à la leçon précédente, tel que : Qu'est-ce que dessiner? Qu'est-ce qu'une ligne, un point, etc., ordonnera de prendre l'ardoise et fera un exercice sur le point.

Le Maître au tableau, les élèves sur l'ardoise. Le Maître commence ainsi pour l'exécution de ces dessins :

Il place un point assez gros dans chaque angle du tableau (fig. 4 et 5), puis ordonne aux élèves de faire de même sur leur ardoise. Faisant alors tourner l'ardoise de son côté, il vérifiera rapidement le travail des élèves et continuera en plaçant un point entre les deux premiers du haut, puis entre les deux points du bas et vérifiera (fig. 5), puis entre les deux points du côté gauche, puis du côté droit, et vérifiera, puis il placera celui du centre, faisant observer qu'il est nécessaire de conserver une distance semblable entre les points (fig. 6), etc.

Il pourra continuer en plaçant de nouveaux points entre ceux-ci s'il le juge à propos.

PREMIÈRE SEMAINE

TROISIÈME LEÇON. — **De la Ligne.**

Le Maître rappellera qu'il a été dit dans les leçons précédentes, que l'on dessinait en se servant de lignes, et continuera :

La ligne est de deux sortes : droite ou courbe (fig. 7).

Entre deux points, on ne peut tracer qu'une seule ligne droite, tandis que l'on peut tracer plusieurs lignes courbes (fig. 8).

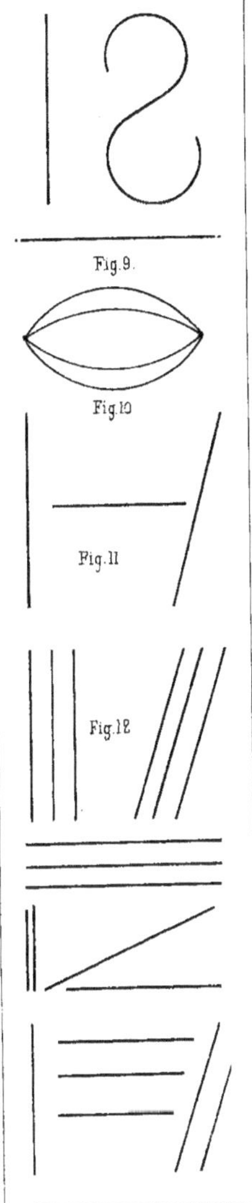

QUESTIONNAIRE SUR LES EXERCICES DE LA SEMAINE

Qu'est-ce que le point ? — Le point est un signe fait visiblement sur une surface plane.

Qu'est-ce qu'une ligne ? — Une ligne est une trace faite visiblement sur une surface plane.

Combien y a-t-il de sortes de lignes ? — Il y a deux sortes de lignes.

Que sont-elles ? — Droite ou courbe.

Le Maître, faisant au tableau ces lignes, questionne :

Quelle est la ligne droite ou quelle est la ligne courbe ?

Combien peut-on tracer de lignes droites entre deux points ? On ne peut tracer qu'une seule ligne droite entre deux points (fig. 9).

Combien peut-on tracer de lignes courbes ? On peut tracer plusieurs lignes courbes (fig. 10).

———— :◉: ————

DEUXIÈME SEMAINE

PREMIÈRE LEÇON. — **Définition de la Ligne droite.**

Les élèves ont les bras croisés ; le Maître continue les observations :

1° Suivant la position de la ligne droite, elle est dite : *verticale, horizontale, oblique* (fig. 11). La ligne droite est dite *verticale* lorsqu'elle suit la direction du fil à plomb (on la trace de haut en bas). La ligne droite est dite *horizontale* lorsqu'elle suit la ligne d'horizon ou de l'eau tranquille (on la trace de gauche à droite). La ligne droite est dite *oblique* lorsqu'elle n'est ni horizontale ni verticale (on la trace facultativement).

2° Toutes lignes conservant entre elles une distance égale sont appelées lignes parallèles (fig. 12).

QUESTIONNAIRE

Le Maître fait les exercices au tableau, les élèves exécutent sur l'ardoise. Le Maître, traçant une ligne droite verticale, interroge :

Que viens-je de faire ? — Une ligne droite.

Qu'est cette droite ? — Elle est verticale.

Pourquoi ? — Parce qu'elle suit la ligne ou la direction d'un fil à plomb.

Le Maître commande de tracer des lignes droites verticales, puis faisant tourner les ardoises, vérifie et continuant, il trace une ligne droite horizontale.

Pourquoi est-elle horizontale ? Parce qu'elle suit la ligne d'horizon.

Le Maître commande de tracer des lignes droites horizontales, fait tourner les ardoises pour vérifier, puis continuant, trace une ligne droite oblique et questionne :

Que viens-je de faire ? — Une ligne droite oblique.

Pourquoi est-elle oblique ? — Parce qu'elle incline.

Ayant fait tracer des lignes droites obliques et vérifié, le Maître trace plusieurs lignes droites parallèles et questionne :

Que viens-je de faire ? — Plusieurs lignes droites verticales, ou horizontales, ou obliques.

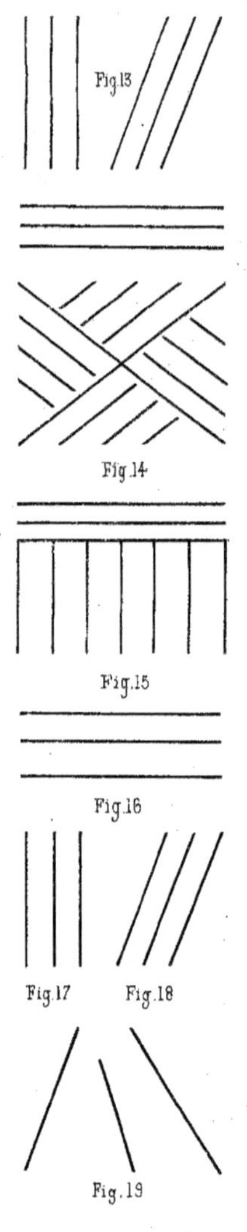

Que sont-elles ? — Elles sont parallèles.

Pourquoi ? — Parce qu'elles ont entre elles une distance semblable ou égale.

Le Maître fait tracer aux élèves plusieurs lignes droites parallèles.

DEUXIÈME SEMAINE

Deuxième Leçon. — Suite des Lignes parallèles.

Le Maître au tableau rappelle le sujet de la leçon précédente et continue :

Lorsque cette distance est semblable entre plusieurs lignes, elles sont dites parallèles équidistantes (fig. 13).

Les élèves, sur l'ardoise, feront un dessin sur le parallélisme des lignes droites (fig. 14 et 15).

Le Maître fera observer le nombre de lignes qui existe sur le modèle, et exigera le même nombre fait par les élèves.

DEUXIÈME SEMAINE

Troisième Leçon. — Récapitulation des deux Leçons précédentes.

QUESTIONNAIRE

Les élèves auront les bras croisés. Le Maître, s'adressant successivement à plusieurs élèves, leur pose ces questions :

Combien y a-t-il de sortes de lignes en général ? — Deux.

Quelles sont-elles ? — La ligne droite et la ligne courbe.

Suivant que la ligne droite prend des positions différentes, que lui donne-t-on ? — Des noms différents.

Quels sont ces noms ? — Les noms de ligne verticale, horizontale, oblique.

Le Maître, faisant passer quelques élèves au tableau :

Tracez-moi des lignes droites horizontales (fig. 16).

Pourquoi ces lignes sont-elles horizontales ? — Parce qu'elles suivent la ligne d'horizon ou de l'eau dormante.

Tracez-moi des lignes verticales (fig. 17).

Pourquoi ces lignes sont-elles dites verticales ? — Parce qu'elles suivent la direction d'un fil dit à plomb.

Tracez-moi des lignes obliques (fig. 18).

Pourquoi ces lignes sont-elles dites obliques ? — Parce qu'elles inclinent ou à droite ou à gauche.

Combien peut-il y avoir de lignes verticales ou horizontales ? — Il ne peut y avoir qu'une seule position de ces lignes.

Et des obliques ? — Plusieurs (fig. 19).

Le Maître fait cette démonstration au tableau. Faisant passer d'autres élèves :

Qu'appelle-t-on lignes parallèles ? — Toutes lignes conservant entre elles une distance semblable.

Tracez plusieurs lignes parallèles (fig. 20).

Si la distance qu'elles ont entre elles est semblable partout, que sont-elles ? — Elles sont dites parallèles équidistantes.

Tracez des parallèles équidistantes (fig. 21).

—:o:—

TROISIÈME SEMAINE

Paragraphe premier du Programme officiel

TRACÉ ET DIVISION DE LA LIGNE DROITE EN PARTIES ÉGALES

PREMIÈRE LEÇON. — Lignes divisées en deux et multiples de deux.

Il est entendu que ces exercices doivent être faits sans règle, ni compas, ni bande de papier.

On divise une ligne en *deux* en mettant un point au milieu de la ligne, au jugé (fig. 22) ; en *quatre*, en divisant d'abord en deux, puis chaque fraction de nouveau en deux (fig. 23) ; en *huit*, en divisant d'abord en deux, puis en quatre, puis en subdivisant chaque partie en deux (fig. 24).

QUESTIONNAIRE

Les élèves, ayant les bras croisés, répondent aux questions posées.

Comment divise-t-on une ligne droite en deux ? — En mettant un point au milieu.

Comment la divise-t-on en quatre ? — En la divisant d'abord en deux, puis chaque partie de nouveau en deux.

Comment la divise-t-on en huit ? — En la divisant d'abord en deux, puis en quatre, puis chaque partie en deux.

Les élèves prennent leur ardoise, le Maître leur fait successivement tracer ces lignes en les faisant lui-même au tableau. Il fait tourner l'ardoise après chaque exercice et vérifie.

———

TROISIÈME SEMAINE

DEUXIÈME LEÇON. — Lignes divisées en trois et par multiples de trois.

On divise une ligne en *trois* en portant deux points sur la ligne, également distants entre eux et des deux extrémités de la ligne (fig. 25) ; en *six*, en divisant d'abord en deux ou en trois, en deux, en mettant un point au milieu de la ligne et en divisant chaque partie en trois (fig. 26). en trois, en divisant comme ci-dessus d'abord, et en subdivisant chaque partie en deux (fig. 27) ; en *neuf*, en fractionnant d'abord en trois, puis chaque partie en trois (fig. 28).

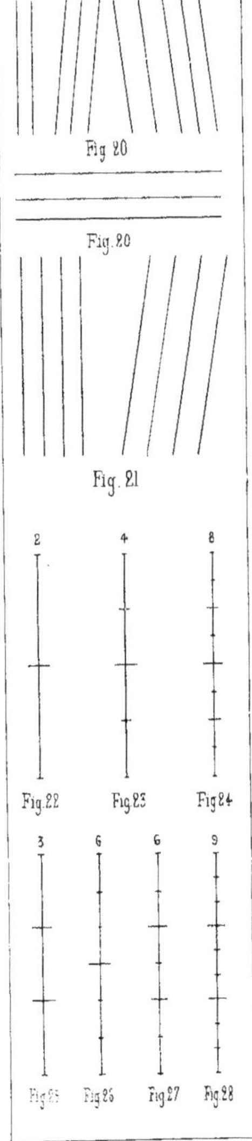

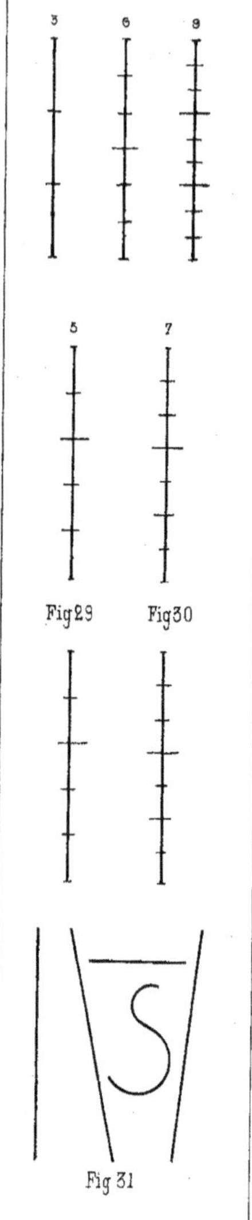

QUESTIONNAIRE

Les élèves, ayant les bras croisés, répondent aux questions posées.

Comment divise-t-on une ligne en trois ? — En portant deux points sur la ligne, également distants entre eux et des extrémités de la ligne.

Comment divise-t-on une ligne en six ? — En la divisant d'abord en deux, puis chaque division en trois.

Comment divise-t-on une ligne en neuf ? — En la divisant d'abord en trois, puis chaque division en trois.

Les élèves, prenant leur ardoise, le Maître au tableau exécute et fait exécuter chaque procédé, il vérifie après chaque exercice.

TROISIÈME SEMAINE

TROISIÈME LEÇON. — **Ligne droite divisée en cinq et en sept.**

On divise une ligne en *cinq* en fractionnant d'abord la ligne en deux, mais d'inégale longueur (fig. 29), en divisant ensuite la petite en deux et la grande en trois ; en *sept*, en fractionnant d'abord en deux, inégalement, diviser ensuite la petite fraction en trois et la grande en quatre (fig. 30).

QUESTIONNAIRE

Les élèves, les bras croisés, répondent aux questions posées.

Comment divise-t-on une ligne en cinq ? — En la divisant d'abord en deux inégalement, divisant ensuite la petite fraction en deux et la grande en trois.

Comment divise-t-on une ligne en sept ? — En la divisant d'abord en deux inégalement, divisant ensuite la petite fraction en trois et la grande en quatre.

Le Maître au tableau, les élèves sur l'ardoise exécutent chaque moyen. Après chaque exercice, le Maître vérifie.

QUATRIÈME SEMAINE

PREMIÈRE LEÇON. — **Récapitulation de la première semaine.**

QUESTIONNAIRE SUR LES EXERCICES DU MOIS

Quelques élèves passeront au tableau et exécuteront les exercices demandés. Les autres, les bras croisés, répondront aux questions posées.

Qu'est-ce que dessiner ? — Dessiner, c'est représenter sur une surface plane les objets que nous voyons.

Comment représente-t-on ces objets ? — Par le moyen de lignes.

Qu'est-ce qu'une ligne ? — Une ligne est un trait fait visiblement sur une surface plane.

Le Maître fait tracer plusieurs lignes (fig. 31).

De quoi est formée la ligne ? — La ligne est formée par une suite continue de points qui se touchent (fig. 32).

Qu'est-ce que le point ? — Le point est un signe fait visiblement sur une surface plane (fig. 33).

Combien y a-t-il de sortes de lignes ? — Deux sortes de lignes.

Quelles sont-elles ? — La ligne droite et la ligne courbe (fig. 34).

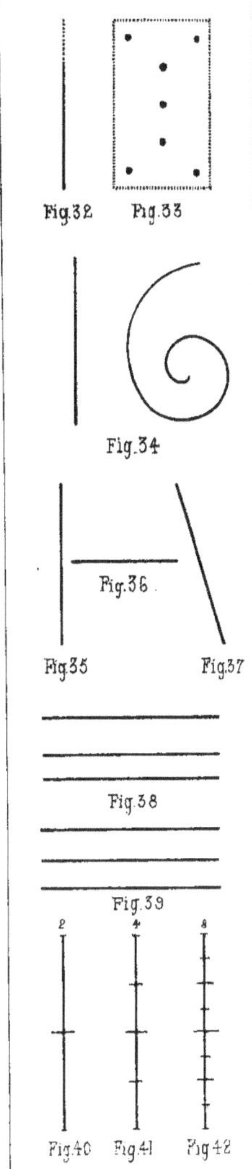

QUATRIÈME SEMAINE

DEUXIÈME LEÇON. — **Mêmes moyens et dispositions que la semaine précédente.**

Combien y a-t-il de sortes de lignes droites par rapport à leur position ? — Trois sortes.

Nommez-les — La ligne droite verticale, la ligne droite horizontale, la ligne droite oblique.

Qu'est-ce que la ligne droite verticale ? — Celle qui descend de haut en bas dans la direction du fil à plomb.

Tracez (fig. 35).

Qu'est-ce que la ligne droite horizontale ? — Celle qui suit la ligne d'horizon ou le niveau de l'eau tranquille (fig. 36).

Qu'est-ce que la ligne oblique ? — Celle qui incline soit à droite soit à gauche, ou bien encore qui n'est ni horizontale ni verticale (fig. 37).

Tracez des obliques.

Comment appelle-t-on les lignes qui ont entre elles une distance semblable ? — Lignes parallèles (fig. 38).

Tracez des lignes parallèles.

Si cette distance est semblable entre plusieurs lignes, que dit-on ? — Qu'elles sont parallèles équidistantes (fig. 39).

Tracez des parallèles équidistantes.

Division de la ligne droite en parties égales (fractions paires).

D'autres élèves au tableau.

Comment divise-t-on une ligne droite en deux ? — En portant un point au milieu.

Divisez une ligne droite en deux (fig. 40).

Comment divise-t-on une ligne droite en quatre ? En la divisant d'abord en deux, et en subdivisant chaque partie en deux.

Divisez une ligne droite en quatre (fig. 41).

Comment divise-t-on une ligne droite en huit ? — En la divisant d'abord en deux, en fractionnant ces divisions en deux, puis chacune de ces divisions de nouveau en deux.

Divisez une ligne en huit (fig. 42).

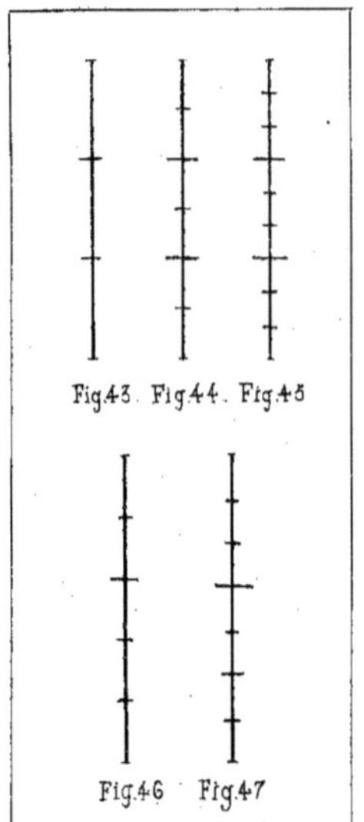

Fig.43. Fig.44. Fig.45

Fig.46   Fig.47

QUATRIÈME SEMAINE

Troisième Leçon. — Suite de la division de la ligne droite en parties égales (fractions impaires).

Mêmes dispositions qu'aux leçons précédentes ; des élèves au tableau :

Comment divise-t-on une ligne droite en trois ? — En portant deux points également distants entre eux et des extrémités de la ligne.

Divisez une ligne en trois (fig. 43).

Comment divise-t-on une ligne en six ? — En la divisant en trois, et en fractionnant chaque partie en deux.

Divisez une ligne en six par les moyens que l'on vient d'indiquer (fig. 44).

Comment divise-t on une ligne en neuf ? — En la divisant d'abord en trois, puis en subdivisant chaque partie en trois.

Divisez une ligne en neuf (fig. 45).

Faisant passer d'autres élèves, le Maître continue.

Comment divise-t-on une ligne en cinq ? — En la divisant en deux, d'inégale longueur, divisant ensuite la petite fraction en deux et la grande en trois.

Divisez une ligne en cinq (fig. 46).

Comment divise-t-on une ligne en sept ? — En la divisant en deux inégalement, divisant ensuite la petite fraction en trois et la grande en quatre.

Divisez une ligne en sept (fig. 47).

———·O·———

FÉVRIER

PREMIÈRE SEMAINE

Suite du paragraphe premier du Programme officiel

ÉVALUATION DES DROITES ENTRE ELLES

PREMIÈRE LEÇON. — Se rendre compte, par l'observation, combien de fois l'une de ces lignes est comprise dans les autres, ou quel nombre fractionnaire elle représente. — Rapport d'une longueur en nombre pair.

Le Maître au tableau dicte, les élèves exécutent sur l'ardoise.

Tracez une ligne droite verticale (fig. 45), tracez-en une autre qui soit égale à la moitié de la première.

Le Maître, faisant tourner l'ardoise vers lui, examine et fait les observations aux élèves qui ont des différences trop sensibles, puis continue :

Le rapport de ces lignes est de 1 à 2, ou ces lignes sont entre elles comme 1 est à 2.

Le Maître au tableau.

Tracez une autre ligne à côté de celles-ci (fig. 46), tracez-en une autre qui soit égale au quart.

Faisant tourner l'ardoise, il vérifie et continue.

Ces lignes sont entre elles comme 1 est à 4.

Tracez une autre ligne à côté des précédentes (fig. 47), tracez-en une autre qui soit égale aux trois quarts.

Faisant tourner l'ardoise, le Maître vérifie et continue.

Ces lignes sont entre elles comme 3 est à 4.

Si le temps de la leçon n'est pas épuisé, le Maître posera quelques questions sur le fractionnement des lignes, sujet d'étude du mois de janvier.

QUESTIONNAIRE

Comment divise-t-on une ligne en quatre? — En la divisant d'abord en deux (fig. 48), puis subdivisant ces fractions en deux (fig. 48 *bis*).

Comment divise-t-on une ligne en six? — En divisant d'abord la ligne en deux (fig. 49), et en subdivisant chaque partie en trois (fig. 49 *bis*).

Comment divise-t-on une ligne en cinq? — En la divisant inégalement en deux d'abord, en divisant ensuite la petite partie en deux et la grande en trois (fig. 51).

PREMIÈRE SEMAINE

DEUXIÈME LEÇON. — Rapport en nombre impair.

Le Maître au tableau dicte.

Tracez une ligne droite verticale (fig. 52), tracez-en une autre qui soit égale au tiers.

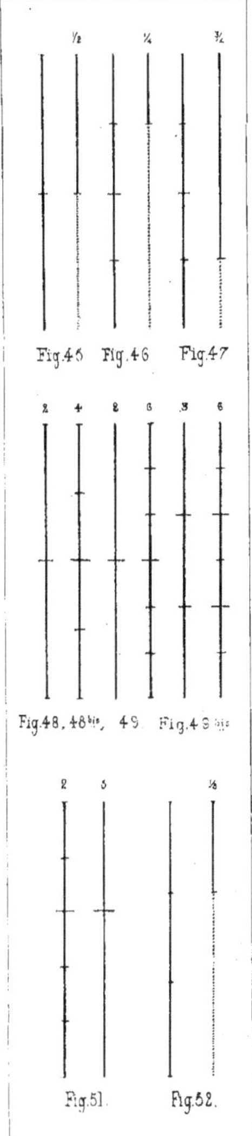

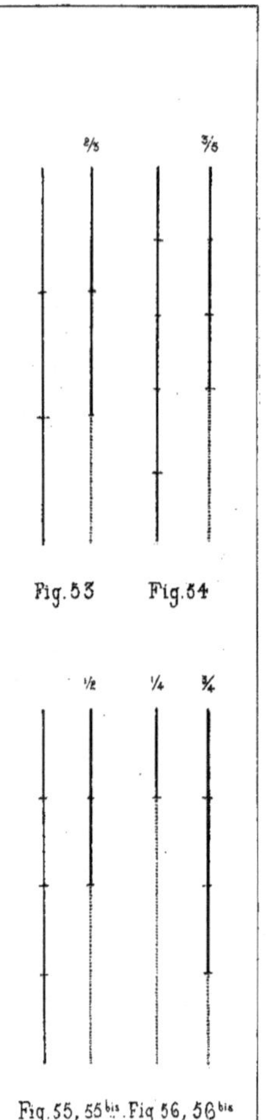

Faisant tourner l'ardoise, il vérifie et continue.

Les rapports de ces lignes sont de 1 à 3.

Tracez une autre ligne près de celles-ci (fig. 53), tracez-en une autre qui soit égale aux deux tiers.

Faisant tourner l'ardoise, il vérifie et continue.

Les rapports de ces lignes sont de 2 à 3.

Tracez une autre ligne près de celles-ci (fig. 54), tracez-en une autre qui soit égale aux trois cinquièmes.

Les rapports de ces lignes sont de 3 à 5.

Faisant tourner l'ardoise, il vérifie et pose quelques questions sur la leçon précédente.

QUESTIONNAIRE

Tracez une ligne droite verticale (fig. 55), tracez-en d'autres qui soient la moitié (fig. 55 *bis*), le quart (fig. 56), les trois quarts (fig. 56 *bis*), etc.

PREMIÈRE SEMAINE

TROISIÈME LEÇON. — **Rapport au point de vue métrique. Nombre pair.**

Le Maître, au tableau, trace une ligne verticale et questionne :

Combien cette ligne mesure-t-elle ? — Elle mesure dix, vingt, ou trente centimètres, etc.

Il vérifie avec le mètre la grandeur de la ligne. Puis, traçant une autre ligne, fait la même question, etc. Si le maître a à sa disposition des bâtonnets, il prend indistinctement parmi ceux de 10, 20, 30, 40, 50 centim., et questionne :

Quelle grandeur a ce bâtonnet ? Dix centimètres, ou vingt centimètres, etc.

Il continue de tracer et de faire évaluer à l'œil la ligne faite au tableau, ou les bâtonnets de 10, 20, ou 30 centimètres, etc.

Lorsque ces exercices, en nombre suffisant, auront édifié le Maître, il passera aux bâtonnets de 15, 25, 35 centimètres, etc. Ces bâtonnets, à cause de leurs fractions impaires, étant plus difficiles à évaluer, suivront toujours les bâtonnets de 10, 20, 30 centimètres, etc. Ces bâtonnets peuvent encore servir à l'évaluation des droites entre elles (exercices de la deuxième semaine).

DEUXIÈME SEMAINE

PREMIÈRE LEÇON. — **Rapports de deux longueurs.** (Renseignements).

C'est apprécier combien de fois un nombre quelconque, pris pour unité, est compris dans ces lignes, ou combien de fois l'une est comprise dans l'autre.

Une ligne égale le double d'une autre si la petite est contenue deux fois dans l'autre. Dans ce cas, les rapports sont de 1 à 2. Si la petite n'est pas contenue deux fois juste dans la grande, il y a un reste. ce reste devient l'unité des rapports, qui sera le quart, le tiers, le cinquième de la ligne première. Si la petite ligne est contenue une fois plus un quart de fois, les rapports seront de 4 à 5, si la petite est contenue une fois plus un tiers, les rapports seront de 3 à 4 ; si la petite est contenue deux fois plus un quart de fois, les rapports seront de 4 à 9 ; si la petite est contenue une fois plus trois quarts de fois, les rapports seront de 4 à 7.

Le Maître au tableau. Les élèves exécuteront ensuite sur l'ardoise.

Tracez une ligne verticale, puis une autre à côté.

Le Maître questionne :

Quels sont les rapports de ces lignes, ou qu'est la petite par rapport à la grande ? — Elle est la moitié, ou les deux tiers, ou les rapports sont de 1 à 2 ou de 2 à 3.

Le Maître, dans ce premier tracé, s'arrange de façon à éviter les difficultés, trace les lignes de manière à obtenir les rapports pairs, soit de 1 à 2 (fig. 57), fait ensuite exécuter sur l'ardoise, et, continuant, trace deux autres lignes et questionne de la même manière.

Qu'est la petite par rapport à la grande ? — Le tiers, ou les deux tiers, ou les trois quarts (fig. 58), rapports 2 à 3.

Il fait exécuter sur l'ardoise deux lignes dans les mêmes rapports, vérifie et continue, trace deux lignes et fait évaluer (fig. 59), rapports 3 à 4, puis fait exécuter sur l'ardoise. Si le temps le permet, il continue des exercices analogues.

———

DEUXIÈME SEMAINE

Deuxième Leçon. — **Suite des rapports de deux longueurs.**

Le Maître rappelle, par quelques exercices, le cours de la leçon sur l'évaluation ou les rapports de deux longueurs. Il continue au tableau, trace deux lignes, et questionne (fig. 60) :

Quels sont les rapports ? — 3 sur 5.

Tracez sur l'ardoise deux lignes ayant les mêmes rapports.

Puis, faisant tourner l'ardoise, il vérifie, trace deux lignes, la petite en avant (fig. 61), et questionne :

Quels sont les rapports ? — 4 sur 7.

Tracez deux lignes ayant les mêmes rapports.

Si le temps le permet, il continuera des exercices analogues.

———

DEUXIÈME SEMAINE

Troisième Leçon. — **Evaluation des lignes droites**
(fractions paires).

Exercices au tableau par quelques élèves. Les autres élèves ont les bras croisés, le Maître dicte :

Tracez une ligne droite verticale ; tracez-en une autre qui soit moitié de la première (fig. 62). Tracez une ligne ; tracez-en une autre qui soit

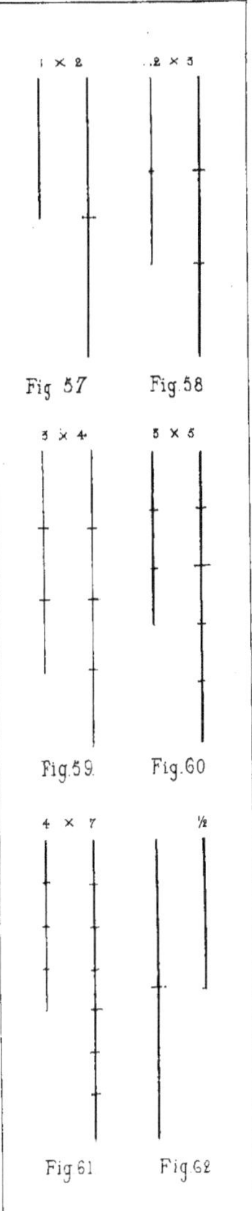

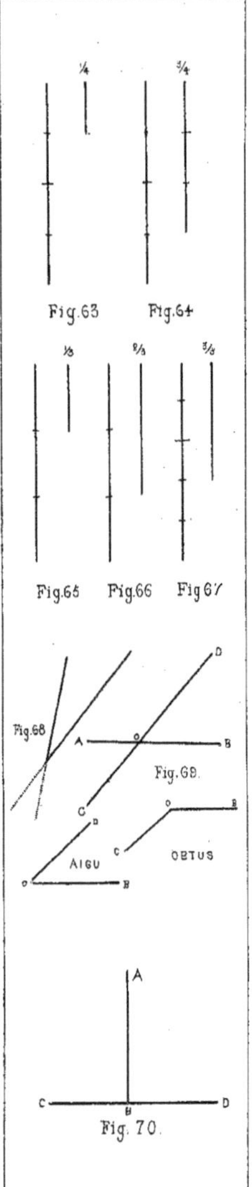

le quart (fig. 63). Tracez une ligne ; tracez-en une autre qui soit les trois quarts (fig. 64).

Faisant passer d'autres élèves (fractions impaires).

Tracez une ligne : tracez-en une autre qui soit le tiers (fig. 65). Tracez une ligne ; tracez-en une autre qui soit les deux tiers de la première (fig. 66). Tracez une ligne ; tracez-en une autre qui en soit les trois cinquièmes (fig. 67).

Le Maître continuera des exercices semblables si le temps le permet, et fera passer d'autres élèves au tableau.

TROISIÈME SEMAINE

Paragraphe deuxième du Programme officiel

ÉVALUATION ET REPRODUCTION DES ANGLES

PREMIÈRE LEÇON. — Des Angles.

Le Maître au tableau :

Un angle est formé par l'intersection de deux lignes droites (fig. 68) ; suivant que l'écartement des lignes est plus ou moins considérable, l'angle prend un nom différent (fig. 69). L'intersection de la ligne AB avec la ligne CD forme deux angles : un, BDo, petit ; l'autre, CBo, grand. L'angle BDo, à cause du rapprochement de ses lignes, prend le nom d'angle *aigu* ; l'autre CBo, à cause de leur écartement, celui d'angle *obtus* ; l'intersection prend le nom de *sommet* ; les lignes celui de *côtés* ; l'intervalle entre les deux lignes, celui *d'angle*.

QUESTIONNAIRE

Que forme l'intersection de deux lignes droites ? — Un angle.
Qu'appelle-t-on sommet de l'angle ? — Le point d'intersection.
Qu'appelle-t-on côtés de l'angle ? — Les lignes qui le limitent.
Qu'appelle-t-on angle ? — L'espace compris entre les lignes.
Les angles sont-ils tous semblables ? — Non, car ils peuvent avoir une ouverture plus ou moins considérable.
Quand cette ouverture est considérable, quel nom prend-il ? — Le nom d'angle obtus.
Quand cette ouverture l'est peu ? — Celui d'angle aigu.

Faire tracer au tableau, par un élève, ces deux angles.

TROISIÈME SEMAINE

DEUXIÈME LEÇON. — **Récapitulation de la première leçon et suite des Droites perpendiculaires ou angles droits.**

L'intersection de la droite AB avec la droite CD forme deux angles (fig. 70), l'angle CAB, et l'angle ABD, ces deux angles sont de même grandeur et prennent les noms *d'angles droits* ; « ces deux lignes sont dites droites perpendiculaires ».

Tout angle plus petit que les angles CAB, ABD, prend le nom d'angle *aigu* (fig. 71).

Tout angle plus grand que les angles CAB, ABD, prend le nom d'angle *obtus* (fig. 72).

Exercices au tableau par les élèves.

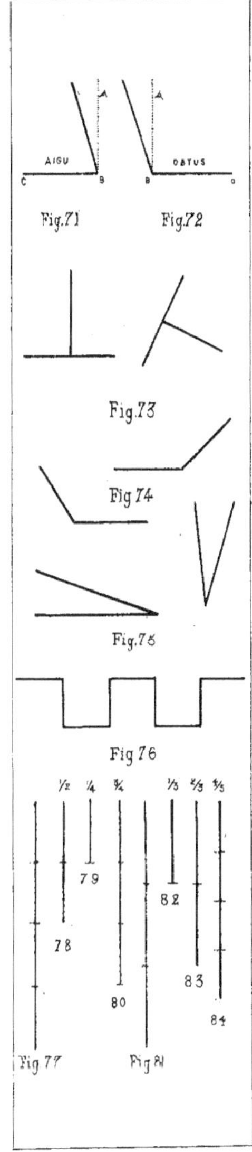

QUESTIONNAIRE

Quand une ligne tombe sur une autre, que forme-t-elle ? — Deux angles.

Si cette ligne ne penche ni à droite ni à gauche, que sont les deux angles ? — Ils sont égaux.

Quand deux angles formés dans ces conditions sont égaux, quels noms prennent-ils ? — Les noms d'angles droits (fig. 73).

Un angle plus grand que l'angle droit prend le nom de ? — Angle obtus.

Tracez plusieurs angles obtus (fig. 74).

Un angle plus petit que l'angle droit prend le nom de ? — Angle aigu.

Tracez plusieurs angles aigus (fig. 75).

TROISIÈME SEMAINE

TROISIÈME LEÇON. — Récapitulation des deux leçons précédentes et un exercice sur l'angle droit.

Exemple par le Maître au tableau. Sous la dictée, les élèves sur l'ardoise exécuteront en même temps.

Tracez deux lignes horizontales parallèles d'une longueur indéterminée. Reporter sur ces lignes leur intervalle. A chaque point tracer des verticales. Chaque ligne donne le mouvement de la dent.

QUATRIÈME SEMAINE

PREMIÈRE LEÇON. — Fractions en nombres pairs et impairs. Evaluation métrique.

Cette semaine sera consacrée à la récapitulation du mois.

Le Maître, faisant passer quelques élèves au tableau, interroge, les autres regardent.

Tracez une ligne droite (fig. 77) ; tracez-en une autre égalant la moitié de la première (fig. 78) ; une autre égalant le quart (fig. 79) ; une autre égalant les trois quarts (fig. 80).

Tracez une droite (fig. 81) ; tracez-en une autre égalant le tiers de la première (fig. 82) ; une autre les deux tiers (fig. 83) ; une autre les quatre cinquièmes (fig. 84).

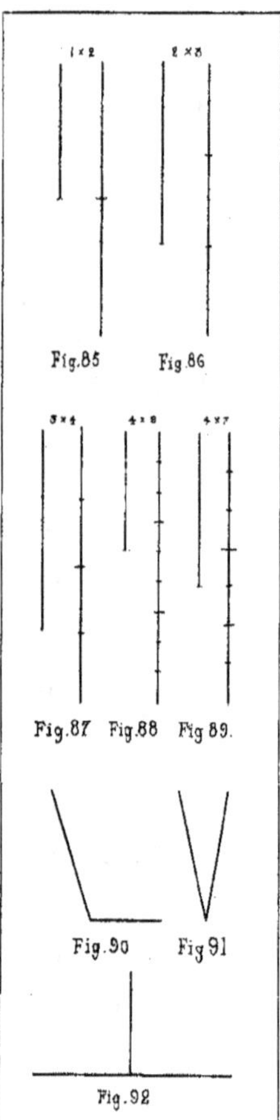

Fig. 85   Fig. 86

Fig. 87   Fig. 88   Fig 89.

Fig. 90   Fig 91

Fig. 92

Les élèves à leur place. Le Maître trace au tableau des lignes verticales, et les fait évaluer métriquement.

Traçant une ligne :

Combien cette ligne mesure-t-elle ? — 20, 25, 28 ou 30 centimètres.

Le Maître vérifie avec le mètre, en trace une autre et recommence la même question, etc. S'il a en main des bâtonnets, il fera évaluer les bâtonnets de 10, 20, 30 centimètres avant ceux de 15, 25, 35, etc.

QUATRIÈME SEMAINE

Deuxième Leçon. — **Rapport de deux longueurs.**

Exercices au tableau exécutés par les élèves.

Tracez une ligne droite ; tracez-en une autre dont les rapports soient de 1 à 2 (fig. 85). Tracez une ligne ; tracez-en une autre dont les rapports soient de 2 à 3 (fig. 86). Tracez une ligne ; tracez-en une autre dont les rapports soient de 3 à 4 (fig. 87). Tracez une ligne ; tracez-en une autre dont les rapports soient de 4 à 9 (fig. 88). Tracez une ligne ; tracez-en une autre dont les rapports soient de 4 à 7 (fig. 89).

QUATRIÈME SEMAINE

Troisième Leçon. — **Des Angles.**

Exercices au tableau par les élèves.

QUESTIONNAIRE

Que forme l'intersection de deux lignes droites ? — Un angle.

Si ces lignes sont écartées (fig. 90), *que forment-elles ?* Un angle obtus.

Si elles sont rapprochées (fig. 91), *que forment-elles ?* — Un angle aigu.

Si elles tombent de manière à former deux angles de même grandeur (fig. 92), *que forment-elles et que sont-elles ?* — Deux angles droits et sont perpendiculaires.

Tout angle plus grand qu'un angle droit est ? — Angle obtus.

Tout angle plus petit que l'angle droit est ? — Angle aigu.

Faisant passer quelques élèves au tableau :

Tracez ces angles.

MARS

PREMIÈRE SEMAINE

Suite du Paragraphe deuxième du Programme officiel

ÉVALUATION DES ANGLES

PREMIÈRE LEÇON

L'évaluation se fait toujours par rapport à l'angle droit, en le complétant par la pensée. (Fig. 93), angle égalant le tiers d'un angle droit; (fig. 94), angle égalant la moitié de l'angle droit; (fig. 95), angle égalant les deux cinquièmes; et non pas : angle égalant 50°, 45°, 36°.

QUESTIONNAIRE

Le Maître au tableau, les élèves les bras croisés. Le Maître traçant un angle donne le moyen de l'évaluer.

Évaluer un angle, c'est se rendre compte de l'écartement de ses lignes comparées à l'angle droit. Un angle peut égaler le tiers, le quart, les deux cinquièmes, etc., d'un angle droit, si l'écartement de ses côtés peut se reproduire trois fois, quatre fois, cinq fois dans l'angle droit.

(Fig. 96), tiers ; (fig. 97), quart ; (fig. 98), deux cinquièmes.

Les élèves essaient maintenant de reproduire les trois angles ci-dessus. Le Maître, faisant tourner l'ardoise, vérifie, puis fait indistinctement des angles et les fait évaluer.

PREMIÈRE SEMAINE

DEUXIÈME LEÇON

Évaluer les angles, c'est aussi se rendre compte de l'inclinaison d'une ligne. Évaluer l'inclinaison d'une ligne, c'est la comparer à la diagonale d'un carré ou d'un rectangle ; c'est établir aussi le rapport de deux lignes entre elles (§ 1ᵉʳ, Évaluation de droites entre elles, fig. 99). En traçant aux extrémités de cette ligne deux verticales AB, les joignant par l'horizontale AC, cette ligne devient la diagonale d'un rectangle de 6 de base sur 1 de haut. L'inclinaison est donc de 1×6 (fig. 100). En élevant les deux verticales, les joignant par une horizontale AC, nous trouvons une inclinaison de 1 de base sur 1 de haut, ou la diagonale d'un carré.

QUESTIONNAIRE

Les élèves les bras croisés, et le Maître au tableau. Le Maître, traçant une ligne oblique, explique la manière d'apprécier son inclinaison et questionne les élèves afin de s'assurer s'ils ont saisi l'explication. Il fait ensuite plusieurs lignes de grandeurs et d'inclinaisons différentes, et les fait apprécier en procédant comme ci-dessus.

1 sur 2 (fig. 101) ; 1 sur 3 (fig. 102) ; 2 sur 5 (fig. 103).

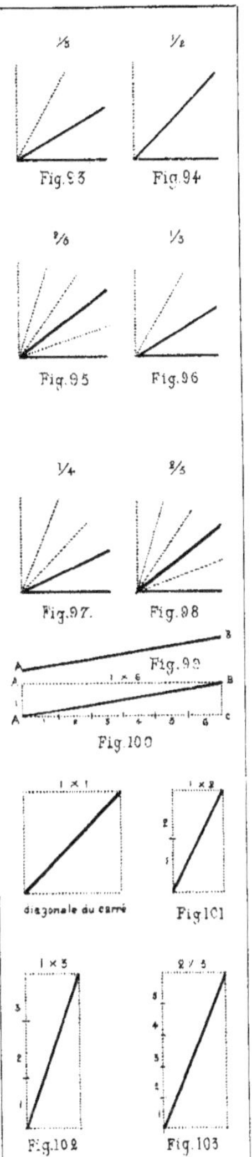

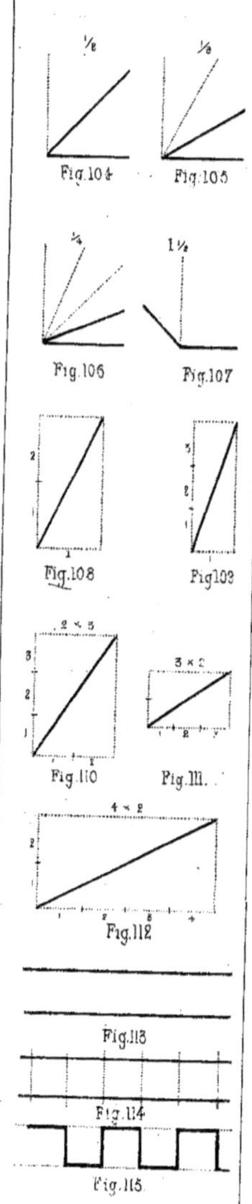

Puis fait passer quelques élèves au tableau, leur fait tracer des lignes inclinées dans le genre ci-dessus, et les fait évaluer par eux et par la classe en questionnant isolément.

PREMIÈRE SEMAINE

TROISIÈME LEÇON

QUESTIONNAIRE

Les élèves les bras croisés, le Maître, au tableau, trace un angle (fig. 104) et questionne :

Combien cet angle vaut-il? — La moitié d'un angle droit.

Il est entendu que ces questions doivent être posées à plusieurs élèves successivement, le Maître se prononce après.

Traçant un autre angle (fig. 105) il questionne :

Combien celui-ci vaut-il? — Le tiers d'un angle droit.

Traçant un autre angle (fig. 106) il questionne :

Combien celui-ci vaut-il? — Le quart d'un angle droit.

Traçant de nouveau (fig. 107).

Et celui-ci? — Un angle droit plus la demie.

Traçant plusieurs lignes obliques, il fait évaluer leur inclinaison.

Quelle est l'inclinaison de la première ligne? — 1 sur 2 (fig. 108).
Quelle est l'inclinaison de la deuxième ligne? — 1 sur 3 (fig. 109).
Quelle est l'inclinaison de la troisième ligne? — 2 sur 3 (fig. 110).

Si les élèves répondent en hésitant, il leur rappellera la comparaison, puis il continuera à demander quelle est l'inclinaison d'autres lignes qu'il pourra tracer s'il le juge à propos.

Faisant ensuite passer quelques élèves au tableau, il leur pose ces questions :

Tracez une ligne inclinée de 3 de base sur 2 de haut (fig. 111).

Tracez une ligne inclinée de 4 de base sur 2 de haut (fig. 112).

Les élèves traceront d'abord la base.

Le Maître pourra continuer s'il le croit nécessaire.

DEUXIÈME SEMAINE

Cette Semaine est consacrée aux Exercices sur l'Angle droit

PREMIÈRE LEÇON

Les élèves devront tracer ces dessins à main levée.

Le Maître, au tableau, dicte :

Tracez deux lignes horizontales indéterminées (fig. 113), reportez dans le sens vertical l'intervalle qu'elles ont entre elles aussi juste que possible (fig. 114), puis accusez la ligne tel que je le fais (fig. 115).

Cet ornement est dit : *dent carrée.*

La figure 116 est pour les élèves qui dédoubleront la classe et qui formeraient alors la première division. La bande se trouve divisée en trois parties (§ 1ᵉʳ), dont les intervalles sont reportés sur la longueur. Ces motifs de bordure ont été très employés chez les anciens. On leur donne aussi le nom de grecs.

DEUXIÈME SEMAINE

DEUXIÈME LEÇON

Le Maître, au tableau, dicte :

Tracez deux lignes droites horizontales indéterminées (fig. 117), divisez cette bande en deux (§ 1ᵉʳ) dans toute sa longueur reportez dans le sens vertical ces divisions aussi juste que possible (fig. 118), et tracez le mouvement (fig. 119).

Mêmes dispositions pour la figure 120. La bande est divisée en quatre. Motif de bordure, art grec.

DEUXIÈME SEMAINE

TROISIÈME LEÇON

Le Maître, au tableau, dicte et trace.

Tracez deux lignes droites horizontales indéterminées pas trop distantes l'une de l'autre, reportez dans le sens vertical leur écartement (fig. 121), enlacez vos lignes en sautant trois carrés (fig. 122).

Dans la figure 123, la bande est plus large et est divisée en trois. Le moyen de formation est le même. Motif de bordure, art arabe.

TROISIÈME SEMAINE

Paragraphe troisième du Programme officiel

PRINCIPES ÉLÉMENTAIRES DU DESSIN D'ORNEMENT POLYGONES RÉGULIERS, ETC.

PREMIÈRE LEÇON. — **Observations générales, notions sur les surfaces.**

Les élèves ont les bras croisés.

L'intersection de trois lignes droites limite une forme appelée surface ou polygone. Toute surface limitée par trois lignes droites s'appelle triangle (fig. 124); on appelle *côtés* du triangle les lignes qui le limitent; *sommets*, l'intersection de ces lignes ; *triangle*, l'espace renfermé dans ces lignes.

Ces surfaces ayant, par l'écartement de leurs lignes ou de leur longueur, une forme différente, prennent un nom différent.

Suivant la longueur de leurs côtés, elles sont dites : *triangle isocèle, scalène, équilatéral.*

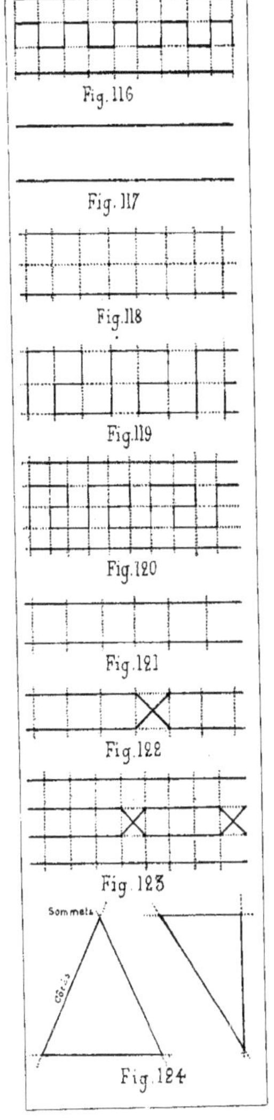

Fig. 116

Fig. 117

Fig. 118

Fig. 119

Fig. 120

Fig. 121

Fig. 122

Fig. 123

Fig. 124

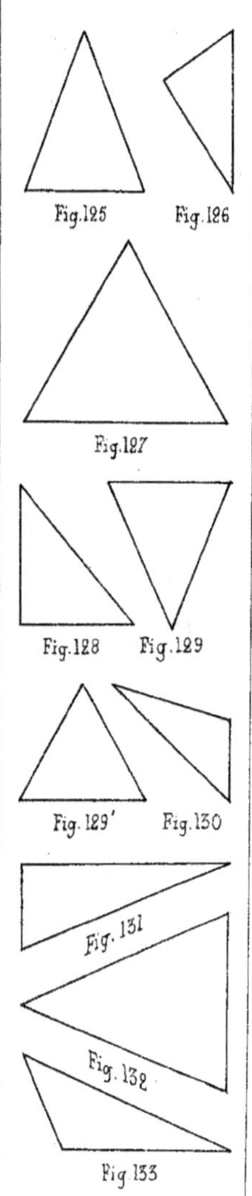

Isocèle, si deux côtés sont de même longueur (fig. 125).
Scalène, si les trois côtés sont inégaux (fig. 126).
Equilatéral, si les trois côtés sont égaux (fig. 127).

QUESTIONNAIRE

Le Maître au tableau, les élèves attentifs répondent.

Que forme l'intersection de trois lignes droites ? — Une surface appelée triangle.

Le Maître trace un triangle.

Qu'appelle-t-on côtés, dans un triangle ? — Les lignes qui le limitent.
Qu'appelle-t-on sommets ? — Leur intersection.
Qu'appelle-t-on triangle ? — L'espace renfermé dans ces lignes.
Lorsque le triangle a ses trois côtés égaux, comment le nomme-t-on ? — Triangle équilatéral.

Le Maître fait le triangle.

Quand il n'a que deux côtés égaux ? — Triangle isocèle.
Quand il n'a aucun côté d'égal ? — Triangle scalène.

Les enfants, prenant leur ardoise, s'exercent à reproduire les triangles.

TROISIÈME SEMAINE

Deuxième Leçon. — **Observations. — Suite des Triangles.**

Suivant l'écartement de leurs lignes, ces triangles sonts dits : *rectangle, acutangle, obtusangle.*

Ils sont *rectangle* si le triangle a un angle droit (fig. 128) ; *acutangle* si les angles sont aigus (fig. 129) ; *obtusangle* s'il a un angle obtus (fig. 130).

Le triangle équilatéral est dit aussi *équiangle*, parce que ses angles sont égaux.

QUESTIONNAIRE

Le Maître, faisant passer quelques élèves au tableau, pose ces questions :

Quand un triangle a un angle droit, quel nom prend-il ? — Le nom de triangle rectangle.
Tracez un triangle rectangle (fig. 131).

Les élèves s'exercent sur leur ardoise. Le Maître, faisant tourner les ardoises, vérifie et continue.

Quand il a ses angles aigus ? — Triangle acutangle.
Tracez un triangle acutangle (fig. 132).
Quand il a un angle obtus ? — Triangle obtusangle.
Tracez un triangle obtusangle (fig. 133).
Que veut dire le mot équiangle ? — Angles égaux.
Quel est le triangle qui prend ce nom ? — Le triangle équilatéral.

TROISIÈME SEMAINE

TROISIÈME LEÇON. — Observations. — Exercices sur la construction de Triangles semblables.

(CETTE LEÇON EST FACULTATIVE)

Soit le triangle (fig. 134). On trace l'horizontale AB, base du triangle, on observe la position du pied de sa hauteur, sur sa base, ici à peu près à la moitié, et on évalue sa hauteur, ici les trois quarts de la base environ.

On trace, autre exemple (fig. 135), la base du triangle AB, que l'on prolonge par un pointillé jusqu'à la rencontre du pied de la droite donnant sa hauteur, on évalue cette ligne pointillée, puis sa hauteur par rapport à sa base : ici, base 3 × 1 environ, hauteur 3 × 1 environ (§ 1er).

QUESTIONNAIRE

Exercices au tableau par quelques élèves, après que le Maître aura donné la manière de construire des triangles semblables.

Le Maître trace un triangle quelconque (fig. 136).

Construisez d'autres triangles qui soient exactement semblables.

Si les élèves hésitent, le Maître questionnera :

Comment ferez-vous pour qu'ils soient exactement semblables ? — J'abaisserai du sommet une perpendiculaire sur la base, j'évaluerai le point où elle tombe par rapport à la grandeur de la base, puis la grandeur proportionnelle de sa hauteur par rapport à sa base. Dans le premier cas, le pied de la hauteur tombe aux ..... de la base, et la hauteur est les ..... Dans le second cas (fig. 137), je prolongerai la base par un pointillé jusqu'à la rencontre du pied de sa hauteur, j'évaluerai cette grandeur par rapport à sa base, puis la hauteur par rapport à cette même base. Dans le deuxième cas, le prolongement est les ..... de la base, et la hauteur les ..... de la base.

— ·◦· —

QUATRIÈME SEMAINE

PREMIÈRE LEÇON. — Récapitulation du mois. — De l'évaluation des Angles. — Inclinaison d'une ligne (§ 2e).

Quelques élèves au tableau.

Comment se fait l'évaluation d'un angle ? — En le comparant à l'angle droit.

Tracez un angle quelconque (fig. 138).

Évaluez cet angle. — Je complète cet angle par un pointillé (fig. 139) et j'estime l'ouverture de mon angle par rapport à l'angle droit. Ici, l'angle tracé vaut approximativement les deux tiers ou les trois cinquièmes de l'angle droit environ.

Chaque élève fait un angle en rapport avec celui ci-dessus.

Faisant passer d'autres élèves au tableau, il leur fait évaluer l'inclinaison d'une ligne, leur rappelant d'abord la manière de procéder.

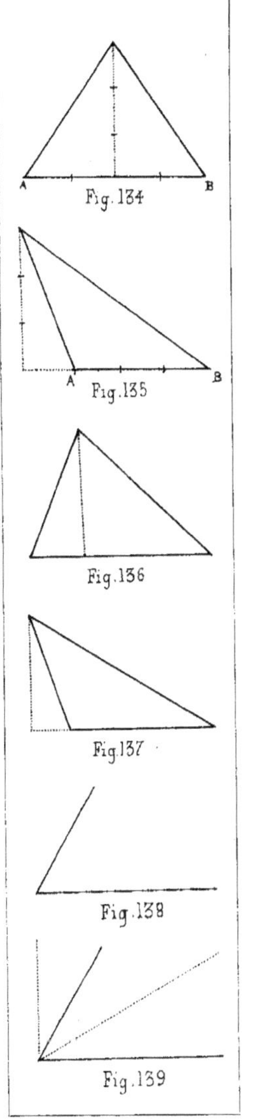

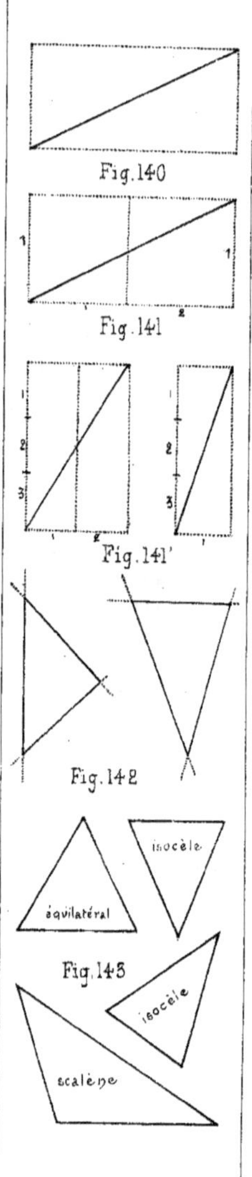

Pour évaluer l'inclinaison d'une ligne, on trace deux verticales à ses extrémités (fig. 140), puis, par des horizontales, on joint les extrémités de cette ligne à une des verticales (fig. 141), et on estime la distance du haut de la ligne à l'horizontale par rapport à la longueur de cette horizontale. L'oblique devient alors la diagonale d'un quadrilatère dont les verticales deviennent les côtés. Dans le tracé ci-dessus, l'obliquité de la ligne est de 1×2 environ; les autres (fig. 141), 2×3, 1×3.

Tracez une ligne oblique ; évaluez son inclinaison par les moyens ci-dessus indiqués.

Chaque élève fait une ligne au tableau et l'apprécie. Le Maître vérifie ensuite.

QUATRIÈME SEMAINE

Deuxième Leçon. — **Notions sur les surfaces : Triangles ou Trilatères (§ 3ᵉ).**

Quelques élèves au tableau.

Qu'appelle-t-on surface ou polygone ? — L'espace renfermé entre plusieurs lignes droites.

Combien faut-il de lignes au minimum pour former un polygone ? — Au moins trois.

Quel nom donne-t-on à la surface renfermée entre trois lignes droites ? — Le nom de triangle.

Tracez un triangle (fig. 142).

Quel nom prennent les lignes qui le limitent ? — Côtés.

L'intersection qu'elles forment ? — Sommets.

Que nomme-t-on ou qu'est le triangle ? — L'espace renfermé entre ces trois lignes.

Si les côtés du triangle sont égaux, quel nom prend-il ? — Le nom de triangle équilatéral.

Si deux côtés seulement sont égaux ? — Le nom de triangle isocèle.

S'il n'y en a aucun d'égal ? — Triangle scalène.

Tracez ces trois triangles approximativement (fig. 143).

Lorsqu'un triangle a un angle droit, quel nom lui donne-t-on ? — Le nom de triangle rectangle.

Lorsqu'il a ses angles aigus ? — Acutangle.

Lorsqu'il a un angle obtus ? — Obtusangle.

Lorsque ses angles sont égaux ? — Equiangle.

Quel est celui qui se trouve dans ces conditions ? — Le triangle équilatéral.

QUATRIÈME SEMAINE

Troisième Leçon. — **Des Triangles semblables.**

(CETTE LEÇON EST FACULTATIVE)

Quelques élèves au tableau. Le Maître trace un triangle et explique la manière de construire un triangle exactement semblable.

J'abaisse du sommet une perpendiculaire sur la base du triangle (fig. 144), le pied de la hauteur partage cette base en ....., j'évalue ensuite la hauteur du triangle par rapport à sa base, elle est ici de .....

Puis dicte :

Construisez un triangle ; évaluez ce triangle par les moyens indiqués ci-dessus ; construisez des triangles semblables.

Tracez une ligne horizontale indéterminée, partagez cette ligne en autant de parties que vous en avez obtenues dans l'évaluation, élevez une ligne indéterminée au point indiqué, portez sur cette ligne le nombre de divisions que vous en avez obtenues ou observées, et joignez les points.

Si la leçon le permet, le maître fera faire un exercice sur l'ardoise par la classe.

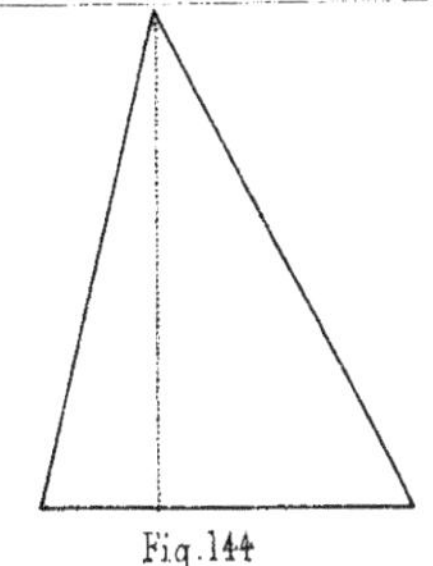

Fig. 144

AVRIL

PREMIÈRE SEMAINE

Première Leçon. — **Construction du Triangle équilatéral. Combinaison que l'on peut en tirer** (Application du § 3).

Le Maître au tableau dicte et trace.

Tracez une ligne *horizontale* indéterminée. Elevez au milieu une *perpendiculaire*, sur laquelle vous porterez la hauteur du triangle. Divisez cette hauteur en 3 parties égales (§ 1ᵉʳ). Du point O (fig. 145), portez la grandeur de 2 parties sur la base. l'intersection donne les sommets.

Le deuxième triangle (fig. 146), pour les élèves de 2ᵉ année, est un triangle inscrit à une distance facultative du premier. Le Maître pourra donner la grandeur approximative des dessins à exécuter. Dans ce premier dessin, la grandeur pourra être de 6 à 7 centimètres environ.

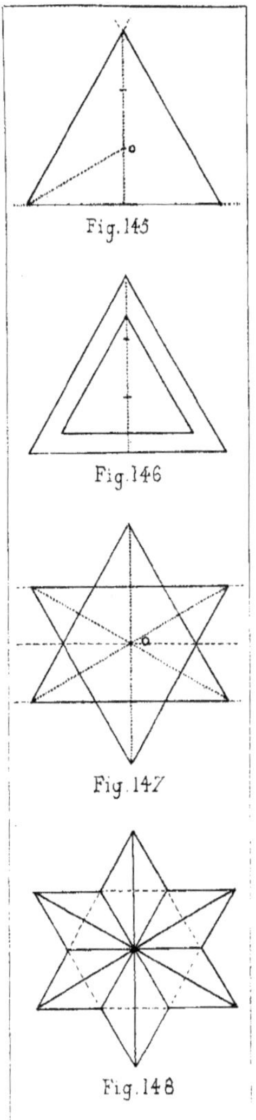

Fig.145

Fig.146

Fig.147

Fig.148

PREMIÈRE SEMAINE

Deuxième Leçon. — **Construction d'une Etoile à 6 pointes par la superposition de deux triangles.**

Le Maître au tableau trace et dicte.

Tracez une ligne verticale au milieu de votre ardoise. Donnez à votre étoile une grandeur de 6 à 7 centimètres environ. Partagez cette grandeur en 4 parties égales (§ 1ᵉʳ). Tracez des lignes horizontales passant par ces points de division, sauf le premier et le dernier. Portez du centre O une grandeur égale à 2 divisions sur la 1ʳᵉ et la 3ᵉ ligne, les intersections donneront les sommets des triangles et les pointes de l'étoile (fig. 147).

Deuxième dessin (fig. 148) *pour les élèves de 2ᵉ année :* Joindre les angles opposés.

PREMIÈRE SEMAINE

Troisième Leçon. — **Construction d'une Etoile à 6 pointes** (**Dessin de mémoire. — Exercice recommandé**).

Le Maître fixera approximativement la grandeur du dessin.
Si les élèves hésitent, le Maître leur rappellera la manière de procéder sans cependant laisser le modèle au tableau.
Le 2ᵉ cours fera le même dessin.

DEUXIÈME SEMAINE

Première Leçon. — **Construction d'une Etoile à 6 pointes.**

Le Maître au tableau trace et dicte.

Tracez une ligne droite verticale d'environ 6 à 7 centimètres ; mettez-la bien au milieu de votre ardoise. Divisez cette ligne en quatre

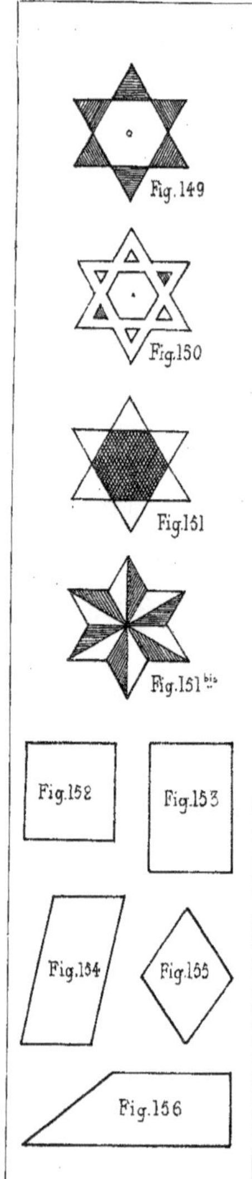

parties égales (§ 1er), et construisez l'étoile en portant du centre O la grandeur de deux parties sur la première et la troisième ligne. Teinter ensuite les pointes aussi bien que possible, dans le sens du modèle (fig. 149).

2e Division. — Inscrire une seconde étoile parallèle à la première, avec un intervalle facultatif, et teinter aussi bien que possible les intervalles (fig. 150).

DEUXIÈME SEMAINE

Deuxième Leçon. — **Autre construction d'une Etoile à 6 pointes.**

Le Maître au tableau trace et dicte.

Tracez une ligne droite verticale d'environ 6 à 7 centimètres ; divisez-la en quatre (§ 1er), et construisez l'étoile. Teintez aussi bien que possible la partie intérieure, laissant les pointes en blanc (fig. 151).

2e Cours. — Joindre les angles opposés et teinter alternativement les pointes aussi bien que possible, faisant aussi disparaître les traits de construction (fig. 151 *bis*).

DEUXIÈME SEMAINE

Troisième Leçon. — **Construction d'une Etoile à 6 pointes, en teintant les pointes (Dessin de mémoire).**

Le même dessin sera fait par les deux cours.
Ce dessin est celui de la première leçon de la semaine.

TROISIÈME SEMAINE

Première Leçon. — **Des Quadrilatères.**

On appelle quadrilatère toute surface plane terminée ou limitée par quatre lignes droites.

Suivant sa forme, on lui donne le nom de : *carré, rectangle, parallélogramme, losange, trapèze.*

On appelle *carré* la surface dont les quatre côtés sont égaux et les angles droits (fig. 152) ; *rectangle*, celle dont les côtés sont égaux, deux à deux, et les angles droits (fig. 153) ; *parallélogramme*, celle dont les côtés sont égaux deux à deux, mais dont les angles ne sont pas droits (fig. 154) ; *losange*, celle dont les côtés sont égaux, mais les angles pas droits (fig. 155) ; *trapèze*, celle dont deux côtés seulement sont parallèles (fig. 156).

QUESTIONNAIRE

Le Maître, laissant les figures tracées, interroge indistinctement les élèves et en fait passer deux ou trois au tableau.

Qu'appelle-t-on quadrilatère ? — Toute surface plane limitée par quatre lignes droites.

Suivant leur forme, quel nom leur donne-t-on ? — Carré, rectangle, parallélogramme, losange, trapèze.

Qu'appelle-t-on carré ? — On appelle carré toute surface plane dont les quatre côtés sont égaux et les angles droits.

Tracez un carré (fig. 157).

Qu'appelle-t-on rectangle ? — Toute surface dont les côtés sont égaux deux à deux, et les angles droits.

Tracez un rectangle (fig. 158).

Qu'appelle-t-on parallélogramme ? — Toute surface dont les côtés sont égaux deux à deux, mais dont les angles ne sont pas droits.

Tracez un parallélogramme (fig. 159).

Qu'appelle-t-on losange ? — Toute surface limitée par quatre lignes droites égales dont les angles ne sont pas droits.

Tracez un losange (fig. 160).

Qu'appelle-t-on trapèze ? — Toute surface dont deux côtés seulement sont parallèles.

Tracez un trapèze (fig. 161).

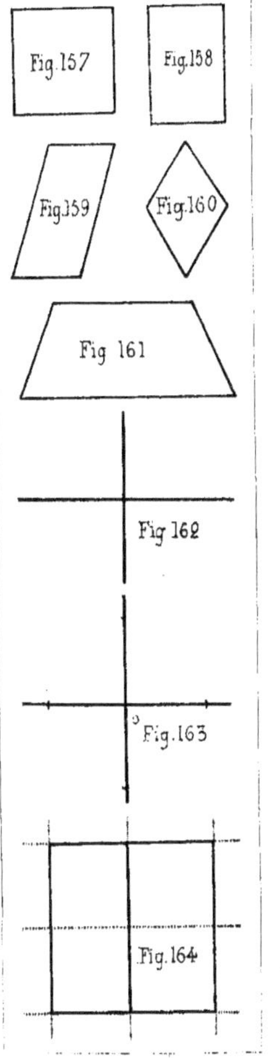

TROISIÈME SEMAINE

DEUXIÈME LEÇON. — **Construction par principes du Carré
(Dessin dicté).**

Le Maître au tableau, les élèves sur l'ardoise.

Tracez deux lignes droites perpendiculaires (fig. 162), de leur intersection O, portez une même grandeur sur les quatre lignes (fig. 163), faites passer par ces points deux lignes parallèles à l'axe horizontal, deux lignes parallèles à l'axe vertical. L'intersection de ces lignes détermine le carré (fig. 164).

Le Maître, faisant tourner l'ardoise, vérifie et fait les observations qu'il juge à propos sur l'exécution du travail.

TROISIÈME SEMAINE

TROISIÈME LEÇON. — **Dessin de mémoire.**

Le Maître donnera à nouveau l'explication du tracé du carré au tableau. Les élèves, les bras croisés, suivront attentivement. Le carré fait, le Maître questionnera quelques élèves sur la manière de procéder, puis effacera le dessin. Les élèves prenant alors leur ardoise, exécuteront de mémoire, dans une grandeur facultative, ce dessin, et le placeront bien au milieu.

MAI

PREMIÈRE SEMAINE

Première Leçon. — **Dessin dicté (Carré).**

Le Maître dicte et trace en même temps. Il pourra toujours fixer la grandeur du dessin.

Tracez les axes du carré, de leur intersection, portez une grandeur facultative sur les quatre lignes et déterminez le carré (fig. 165). Inscrire dans ce carré un autre carré dont les angles reposent sur les axes du premier (fig. 166).

Les élèves de deuxième année traceront en plus les diagonales, puis inscriront un troisième carré parallèle au premier, et dont les angles seront sur ces diagonales, puis teinteront entre le deuxième et le troisième, si le temps le permet (fig. 167).

PREMIÈRE SEMAINE

Deuxième Leçon. — **Dessin dicté (Carré).**

Le Maître dicte et trace en même temps.

Tracez un carré : divisez ses côtés en quatre (§ 1ᵉʳ), et joignez les points AA et BB : faites les traits suffisamment forts afin d'exprimer la barre de fer (fig. 168).

Les élèves de deuxième année compléteront le dessin en inscrivant un carré dont les angles se trouvent sur les axes du premier et le compléteront par les quatre petits carrés aux angles du premier (fig. 169).

PREMIÈRE SEMAINE

Troisième Leçon. — **Dessin de mémoire.**

Les élèves exécuteront le dessin de la première semaine, première leçon, sans le secours du modèle.

Le Maître rappellera le motif par un exposé rapide, les élèves l'exécuteront ensuite.

Le Maître veillera à ce que le dessin soit bien au milieu de la feuille et dans des proportions suffisamment grandes.

DEUXIÈME SEMAINE

Première Leçon. — **Dessin dicté (Croix de saint André).**

Le Maître dicte et trace en même temps.

Tracez un carré et ses diagonales : partagez ses côtés en quatre parties égales (§ 1ᵉʳ) ; joignez les points AA, BB, en suivant les diagonales, donnez ensuite par un trait ferme le mouvement de la croix (fig. 170).

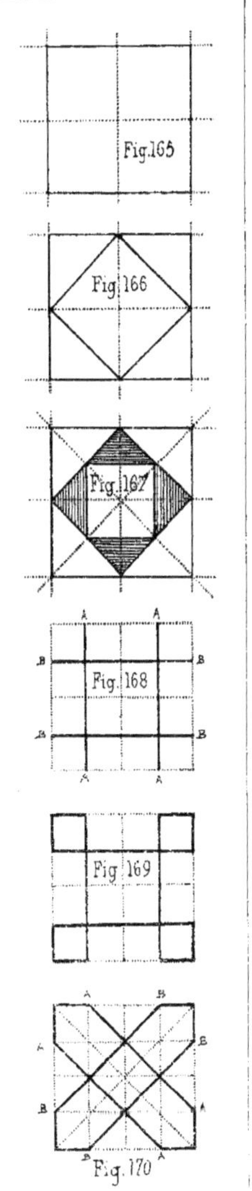

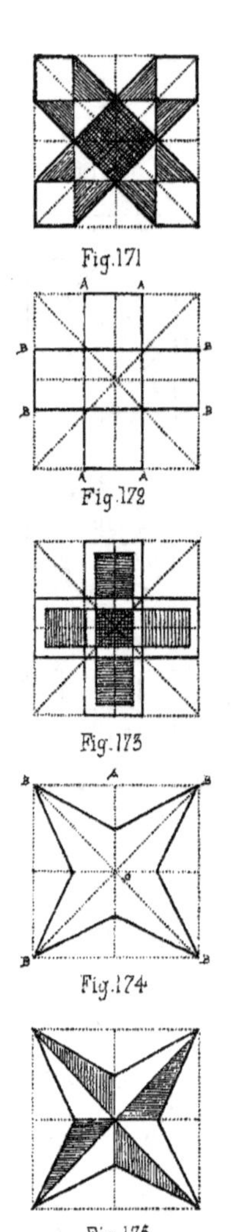

Fig. 171

Fig. 172

Fig. 173

Fig. 174

Fig. 175

Les élèves de deuxième année compléteront le dessin en teintant les parties intérieures obtenues par le quadrillé de construction. Le Maître fera et obligera de suivre la direction des teintes (fig 171).

DEUXIÈME SEMAINE

Deuxième Leçon. — **Dessin dicté (Croix de Genève).**

Le Maître dicte et trace en même temps.

Tracez un carré ; partagez ses côtés en trois parties égales (§ 1ᵉʳ) ; joignez les pointes AA, BB ; accusez par un trait ferme le mouvement de la croix (fig. 172).

Les élèves de deuxième année compléteront le dessin en inscrivant une croix intérieure par le même procédé, et la teinteront. Le Maître fera observer la direction des traits (fig. 173).

DEUXIÈME SEMAINE

Troisième Leçon. — **Dessin de mémoire.**

Les élèves exécuteront, sans le secours du modèle, le dessin qu'ils ont fait dans la première leçon de la semaine (croix de saint André). Le Maître rappellera le motif, et, s'il le juge convenable, l'exécutera au tableau, afin de rafraîchir la mémoire des élèves, puis l'effacera.

Les élèves l'exécuteront dans des proportions convenables. La Maître exigera qu'il soit parfaitement placé au milieu de la feuille.

TROISIÈME SEMAINE

Première Leçon. — **Dessin dicté.**

Le Maître dicte et trace en même temps.

Tracez un carré et ses diagonales ; partagez la distance du centre O au carré A en deux parties ; joignez ces pointes aux angles du carré B. Ces traits doivent être parfaitement arrêtés (fig. 174).

Les élèves de deuxième année compléteront le dessin en teintant alternativement moitié des pointes de l'étoile (fig. 175).

Le Maître fera observer la direction des traits qui forment la teinte.

TROISIÈME SEMAINE

Deuxième Leçon. — **Dessin dicté.**

Le Maître dicte et trace en même temps au tableau.

Tracez un carré et ses diagonales ; portez la distance du centre O au carré B sur les diagonales, au point A ; partagez cette distance en deux et construisez l'étoile ; donnez ensuite la valeur aux traits en observant la superposition qui existe (fig. 176).

Les élèves de deuxième année compléteront le dessin en teintant alternativement moitié des pointes de l'étoile (fig. 177).

Le Maître fera observer la direction des traits qui forment la teinte.

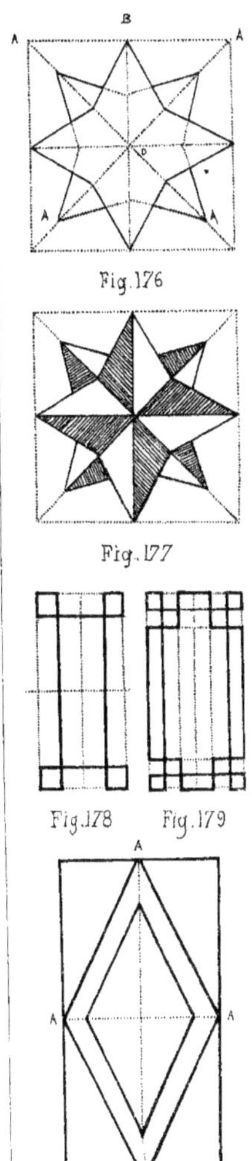

TROISIÈME SEMAINE

TROISIÈME LEÇON. — Dessin de mémoire.

Les élèves exécuteront, sans le secours du modèle, le dessin de la première leçon de la semaine.

Le Maître rappellera le motif et la manière de l'exécuter, s'il le juge convenable il le tracera au tableau, et l'effacera après que les élèves l'auront suffisamment observé pour rafraîchir leur mémoire.

Bien observer la position du dessin dans la feuille.

QUATRIÈME SEMAINE

PREMIÈRE LEÇON. — Exercices sur les Rectangles.
(Dessin dicté).

Le Maître dicte en même temps qu'il trace.

Tracez un rectangle de 1 de base sur 2 de haut (rapports de deux grandeurs, § 1er), procédez avec l'axe vertical, sur lequel vous portez la grandeur du rectangle qui représente le nombre 2 ; divisez cette ligne en deux, vous aurez l'unité ou la grandeur de la base ; divisez la base en quatre (§ 1er) ; portez cette fraction sur la hauteur ; joignez ensuite ces points légèrement : la combinaison trouvée, accusez le trait le plus correctement possible (fig. 178).

Les élèves de deuxième année partageront les bases en six, chercheront la combinaison en reportant le sixième sur la hauteur, et accuseront les traits le plus convenablement possible (fig. 179).

QUATRIÈME SEMAINE

DEUXIÈME LEÇON. — Dessin dicté.

Le Maître dicte et trace en même temps.

Tracez un rectangle de 1 de base sur 2 de haut.

Les élèves indiqueront d'abord la hauteur.

Tracez ses axes : des points A tracez un losange ; puis intérieurement un autre losange parallèle au premier à une distance facultative ; les combinaisons trouvées, grossissez les traits (fig. 180).

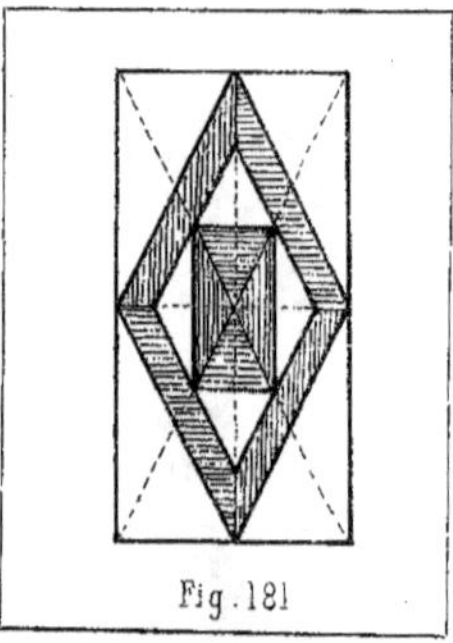

Fig. 181

Les élèves de deuxième année traceront en plus les diagonales du rectangle au pointillé, puis inscriront un rectangle intérieur ayant ses angles sur les diagonales du premier, puis teinteront et les losanges et le rectangle en observant le modèle (fig. 181).

QUATRIÈME SEMAINE

Troisième Leçon. — Dessin de mémoire.

Les élèves exécuteront de souvenir les dessins de la deuxième leçon de la semaine.

Le Maître rappellera le motif, la manière de le construire, et, s'il le juge convenable, exécutera rapidement au tableau le dessin, sans cependant le laisser.

JUIN

Suite du Paragraphe troisième du Programme officiel

CIRCONFÉRENCES, ROSACES ÉTOILÉES

PREMIÈRE SEMAINE

PREMIÈRE LEÇON. — **Application de la ligne courbe. — Des lignes par rapport à la circonférence.**

Le Maître au tableau, les élèves les bras croisés.

La circonférence est une ligne courbe dont tous les points sont également distants d'un point intérieur appelé centre.

Le Maître trace une circonférence.

Une ligne partant du centre et aboutissant à la circonférence se nomme rayon (fig. 182); une ligne passant par le centre et aboutissant à la circonférence se nomme diamètre (fig. 183); une ligne aboutissant à la circonférence, de chaque côté, mais ne passant pas par le centre, prend le nom de sécante (fig. 184); une ligne touchant à la circonférence par un seul point, extérieurement, prend le nom de tangente (fig. 185).

QUESTIONNAIRE

Qu'appelle-t-on circonférence? — Une ligne courbe dont tous les points sont également distants d'un point intérieur appelé centre.

Le Maître, traçant avec le compas une circonférence, fait passer un élève au tableau et continue les questions.

Comment nomme-t-on une ligne partant du centre et aboutissant à la circonférence? — Rayon.

Tracez un rayon (fig. 186).

Comment nomme-t-on une ligne passant par le centre et aboutissant à la circonférence? — Diamètre.

Tracez un diamètre (fig. 187).

Comment nomme-t-on une ligne touchant à la circonférence, mais ne passant pas par le centre? — Sécante.

Tracez une sécante (fig. 188).

Comment nomme-t-on une ligne touchant à la circonférence en un seul point? — Tangente.

Tracez une tangente (fig. 189).

PREMIÈRE SEMAINE

DEUXIÈME LEÇON. — **Circonférence (Dessin dicté).**

Le Maître au tableau, les élèves sur l'ardoise.

Tracez un carré et ses diagonales (fig. 190); portez, du centre O la distance au carré A sur ses diagonales (fig. 191).

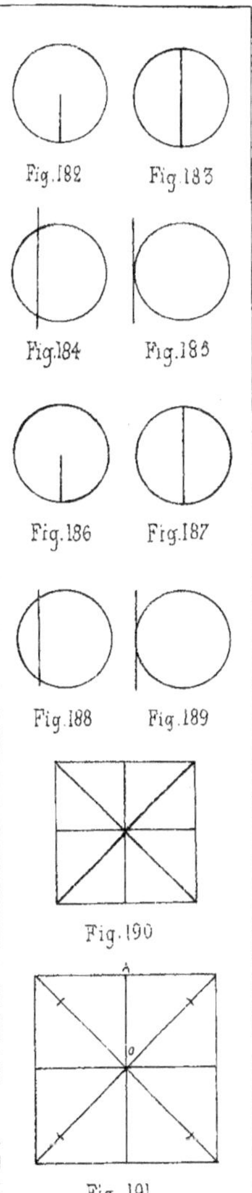

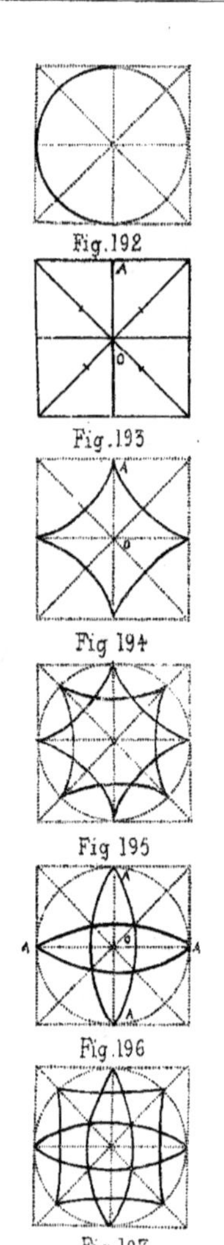

Fig. 192

Fig. 193

Fig 194

Fig 195

Fig. 196

Fig 197

Les élèves, prenant un bout de papier, portent cette distance après avoir examiné le procédé du maître.

A la main, joignez ces points par une ligne pointillée ou par un trait léger que vous renforcerez quand vous aurez trouvé la régularité de la courbe (fig. 192).

On trouve encore le point sur les diagonales en en prenant les 5/7 environ.

PREMIÈRE SEMAINE

Troisième Leçon. — **Courbes (Dessin de mémoire).**

Tracer la circonférence par les moyens indiqués dans la leçon précédente (deuxième leçon).

DEUXIÈME SEMAINE

Première Leçon. — **Dessin dicté.**

Le Maître, au tableau, dicte en même temps qu'il trace.

Tracez un carré et ses diagonales ; portez la distance du centre O au carré A sur les diagonales, inscrivez une circonférence (fig. 193) ; partagez la distance du centre O à la circonférence, sur les diagonales, en deux, et faites passer des courbes à la main (fig. 194).

Si le Maître le juge à propos, les élèves de deuxième année compléteront le dessin en refaisant une seconde étoile dont les angles reposeront sur les diagonales du carré (fig. 195).

La valeur des traits doit être très régulière, le carré pointillé ainsi que ses axes et ses diagonales.

DEUXIÈME SEMAINE

Deuxième Leçon. — **Dessin dicté.**

Le Maître dicte en même temps qu'il trace.

Tracez un carré, ses diagonales et inscrivez une circonférence ; partagez ses rayons verticaux et horizontaux en trois (§ 1ᵉʳ), et faites passer des courbes par le premier point O partant des points A (fig. 196).

Si le Maître le juge à propos, les élèves de la deuxième année compléteront le dessin en faisant passer des courbes partant des points O sur les diagonales, et passant aux points I sur les axes du carré (fig. 197).

Observer la régularité des traits et faire au pointillé la construction.

DEUXIÈME SEMAINE

Troisième Leçon. — **Dessin de mémoire.**

Les élèves feront de mémoire le dessin de la première leçon de la semaine. Le Maître rappellera le motif, les moyens indiqués pour le tracé, et, s'il y a difficulté, fera rapidement le dessin au tableau et l'effacera de suite. Bien observer la mise en place, et la grandeur proportionnelle que le Maître donnera toujours.

TROISIÈME SEMAINE

Première Leçon. — **Dessin dicté.**

Le Maître dicte et trace en même temps.

Tracez un carré, ses diagonales ; inscrivez une circonférence ; divisez cette circonférence en six.

On divise une circonférence en six en portant la grandeur du rayon.

Faire des courbes à la main passant environ à un tiers de rayon du centre (fig. 198).

Si le Maître le juge à propos, les élèves de la deuxième année envelopperont l'étoile dans un hexagone, avec des courbes, et veilleront à leur régularité et à leur grosseur (fig. 199).

Le carré devra rester pointillé.

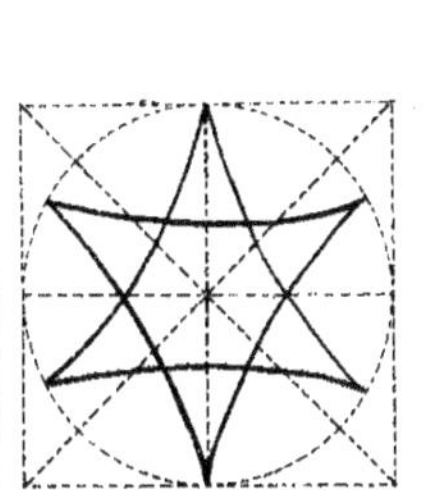

Fig. 198.

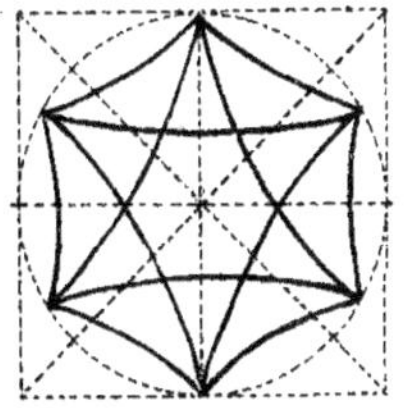

Fig. 199

TROISIÈME SEMAINE

Deuxième Leçon. — **Dessin dicté.**

Le Maître dicte et trace en même temps.

Tracez un carré, ses diagonales, et inscrivez une circonférence ; divisez cette circonférence en 5.

On divise une circonférence en 5 en portant les 6/10 de son diamètre, et en 10 en portant les 3/5 de son rayon.

Tracez une étoile à 5 branches (fig. 200).

Les élèves de deuxième année l'envelopperont dans un pentagone si le Maître le juge à propos (fig. 201).

Les axes et les diagonales devront rester au pointillé, ainsi que le carré. Les traits devront avoir une régularité aussi parfaite que possible.

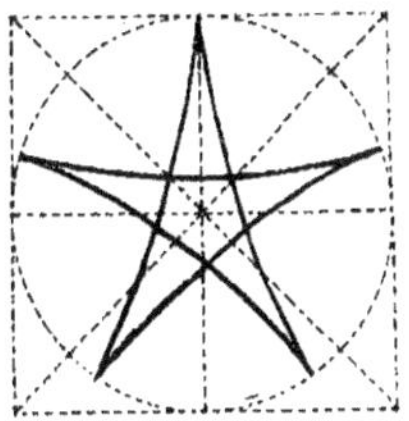

Fig. 200

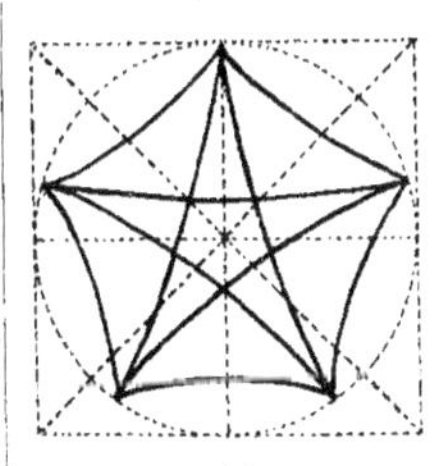

Fig 201

TROISIÈME SEMAINE

Troisième Leçon. — **Dessin de mémoire.**

Les élèves exécuteront de mémoire le dessin de la première leçon (étoile à six pointes).

Le Maître rappellera le motif, l'expliquera, et, s'il le juge à propos, le tracera au tableau rapidement et l'effacera ensuite.

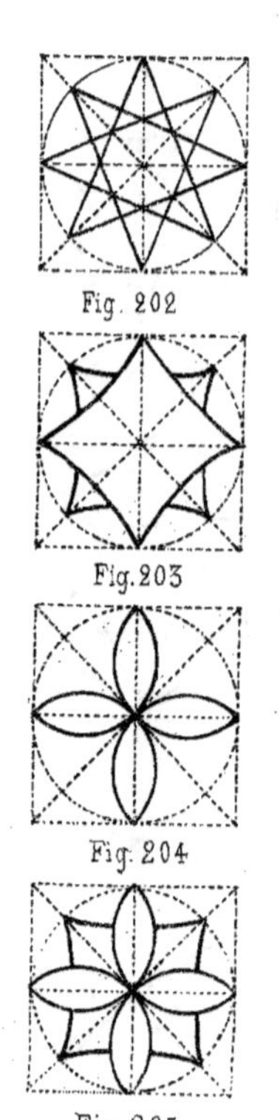

Fig. 202

Fig. 203

Fig. 204

Fig. 205

QUATRIÈME SEMAINE

PREMIÈRE LEÇON. — **Dessin dicté.**

Le Maître dicte et trace en même temps.

Tracez un carré, ses diagonales, et inscrivez une circonférence ; tracez une étoile à huit pointes en joignant les points de quatre en quatre (fig. 202).

Les élèves de deuxième année feront, si le Maître le juge à propos, cette étoile par des courbes dont les dispositions sont de trois en trois. L'étoile supérieure seule sera en entier. Les valeurs des traits seront cependant semblables (fig. 203).

QUATRIÈME SEMAINE

DEUXIÈME LEÇON. — **Dessin dicté.**

Le Maître dicte et trace en même temps.

Tracez un carré, ses diagonales, et inscrivez une circonférence ; construisez dans cette circonférence une rosace à quatre pointes, dont les courbes partent du point A à A, B à B, en passant par le centre O (fig. 204).

Les élèves de deuxième année compléteront le dessin en faisant une étoile dont les angles se trouvent sur les diagonales. Ils observeront que la rosace seule est visible (fig. 205).

Le Maître verra si ce dessin est possible.

QUATRIÈME SEMAINE

TROISIÈME LEÇON. — **Dessin de mémoire.**

Les élèves exécuteront de mémoire le dessin de la première leçon de la semaine (étoile à huit pointes).

Le Maître rappellera le motif, l'expliquera, et, s'il le juge à propos, l'exécutera au tableau, sans toutefois le laisser.

JUILLET

Paragraphe quatrième du Programme officiel

COURS MOYEN, PREMIÈRE ANNÉE (1)

COURBES RÉGULIÈRES AUTRES QUE LA CIRCONFÉRENCE
SPIRALES, VOLUTES, FEUILLES, FLEURS
COURBES EMPRUNTÉES AU RÈGNE VÉGÉTAL

PREMIÈRE SEMAINE

PREMIÈRE LEÇON. — **Dessin dicté.**

Le Maître dicte et trace.

Tracez un rectangle de 2 de base sur 3 de haut (§ 1er) ; tracez les axes B ; inscrivez deux courbes régulières symétriques dont les points de contact au rectangle se font aux axes B (ovale) (fig. 206).

Les élèves de deuxième année feront, si le Maître le trouve convenable pour compléter le dessin, les courbes intérieures (fig. 207).

PREMIÈRE SEMAINE

DEUXIÈME LEÇON. — **Dessin dicté.**

Le Maître dicte et trace.

Tracez un rectangle de 2 de base sur 3 de haut (§ 1er) ; tracez une courbe en forme de spire en observant que la hauteur de l'enroulement est à la hauteur des deux tiers du rectangle ; la courbe extérieure de gauche à la moitié de la hauteur, la courbe intérieure D aux deux tiers de la largeur, etc. (spirale, fig. 208).

PREMIÈRE SEMAINE

TROISIÈME LEÇON. — **Dessin dicté.**

Le Maître dicte et trace.

Tracez un rectangle de 2 de base sur 5 de haut (§ 1er) ; tracez la courbe suivante en observant les points de contact : le point de contact B, sur le côté droit en haut, est à peu près au sixième de la hauteur, celui du bas, C, à peu près au quart, ainsi que celui de gauche C. La courbe va en se rétrécissant, en s'enroulant en forme de spire, et l'enroulement du bas D monte au tiers de la hauteur totale (fig. 209).

———— ❖ ————

(1) Nous avons cru bon d'abord er à la fin de l'année le Cours moyen.

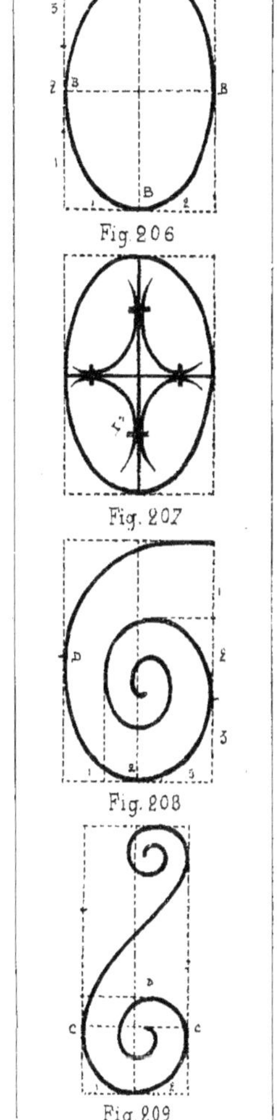

Fig. 206

Fig. 207

Fig. 208

Fig. 209

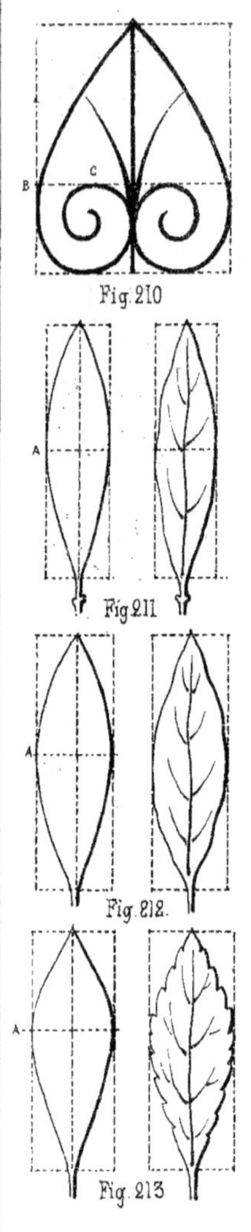

Fig. 210

Fig. 211

Fig. 212.

Fig. 213

DEUXIÈME SEMAINE

PREMIÈRE LEÇON. — **Dessin dicté.**

Le Maître dicte et trace.

Tracez un rectangle de 4 de base sur 5 de haut (§ 1er) ; décrivez deux courbes symétriques dont les points de contact sont environ au tiers de la hauteur B, et l'enroulement environ au tiers C ; complétez le travail par des courbes complémentaires symétriques (fig. 210).

Ce dessin, présentant quelques difficultés, pourra être le seul à exécuter de la semaine et restera au tableau.

TROISIÈME SEMAINE

PREMIÈRE LEÇON. — **Dessin dicté.**

Le Maître dicte et trace.

Tracez un rectangle de 1 de base sur 4 de haut (§ 1er) ; divisez ce rectangle verticalement en deux ; tracez deux courbes symétriques touchant le rectangle aux points A, moitié du rectangle (feuille simple, saule, fig. 211).

TROISIÈME SEMAINE

DEUXIÈME LEÇON. — **Dessin dicté.**

Le Maître dicte et trace.

Tracez un rectangle de 1 de base sur 3 de haut (§ 1er) ; divisez ce rectangle verticalement en deux ; tracez deux courbes symétriques légèrement indiquées, point de contact A, puis ondulez-les (feuille ondulée, laurier, fig. 212).

TROISIÈME SEMAINE

TROISIÈME LEÇON. — **Dessin dicté.**

Le Maître dicte et trace.

Tracez un rectangle de 2 de base sur 5 de haut (§ 1er) ; divisez verticalement ce rectangle en deux ; tracez deux courbes symétriques légèrement, touchant le rectangle aux trois cinquièmes de la hauteur totale ; puis dentelez ces courbes en observant le modèle (feuille dentelée, prunier, fig. 213.)

QUATRIÈME SEMAINE

PREMIÈRE LEÇON. — **Dessin dicté.**

Le Maître dicte et trace.

Tracez un rectangle de 2 de base sur 3 de haut (§ 1er) ; divisez verticalement ce rectangle en 2 ; tracez deux courbes symétriques touchant le rectangle au tiers de la hauteur ; sur ces lignes, faites des dents en observant les courbes du modèle (feuille condiforme, ortie blanche, fig. 214).

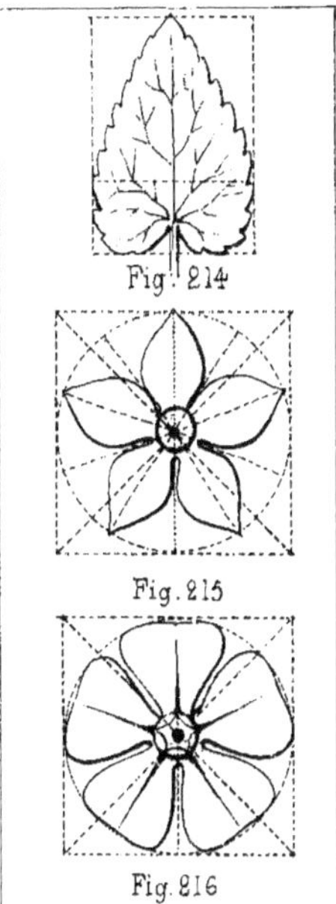

Fig. 214

Fig. 215

Fig. 216

QUATRIÈME SEMAINE

DEUXIÈME LEÇON. — **Dessin dicté.**

Le Maître dicte et trace.

Tracez une circonférence par principe ; divisez-la en dix parties égales (on divise une circonférence en dix en portant les 3/5 de son rayon, § 1er) ; inscrivez une fleur à cinq feuilles ou pétales ; observez la largeur du calice (1/5 du rayon) et la conformation des pétales (fleur rosacée, myosotis, fig. 215).

Grandeur nature, environ 9 millimètres.

QUATRIÈME SEMAINE

TROISIÈME LEÇON. — **Dessin dicté.**

Le Maître dicte et trace.

Tracez une circonférence par principe ; divisez-la en dix parties égales (§ 1er) ; inscrivez une fleur à cinq pétales ; observez la largeur du calice (1/5 du rayon) et la conformation des pétales (fleur rosacée, pervenche, fig. 216).

Grandeur nature, environ 3 centimètres.

AOUT

PREMIÈRE SEMAINE

PREMIÈRE LEÇON. — **Dessin dicté.**

Le Maître dicte et trace.

Tracez une circonférence par principe ; divisez cette circonférence en dix (on divise une circonférence en dix en portant les 3/5 de son rayon, § 1er) ; inscrivez une fleur à 5 pétales dont le pistil égale environ le cinquième du rayon ; observez la conformation des pétales (fleur rosacée, guimauve, fig. 217).

Grandeur nature, environ 25 millimètres.

PREMIÈRE SEMAINE

DEUXIÈME LEÇON. — **Dessin dicté.**

Le Maître dicte et trace.

Tracez une circonférence par principe ; divisez-la en douze parties égales, (on divise une circonférence en douze en portant la moitié de son rayon, § 1er) : construisez une fleur à douze pétales dont le pistil égale environ le quart du rayon ; observez la conformation des pétales (fleur rosacée, chrysanthème ou marguerite d'or, fig. 218).

Grandeur nature, environ 3 centimètres.

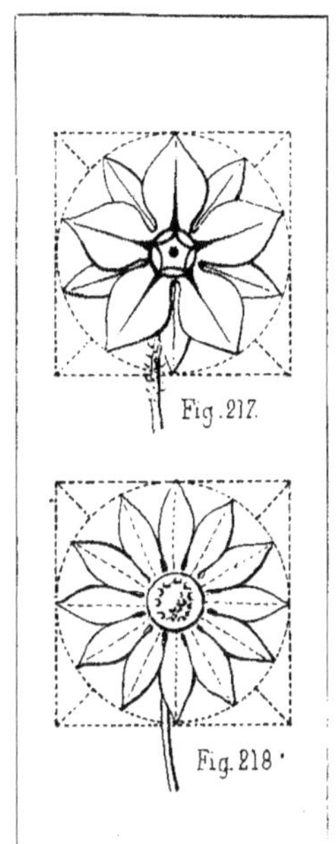

Fig. 217.

Fig. 218.